Rheinisch-Westfälische Akademie der Wissenschaften

Natur-, Ingenieur- und Wirtschaftswissenschaften Vorträge · N 276

Herausgegeben von der
Rheinisch-Westfälischen Akademie der Wissenschaften

GERHARD FELS

Wiederbelebung der privaten Investitionstätigkeit als wirtschaftspolitische Aufgabe

HERBERT HAX

Finanzwirtschaftliche Planung in der Unternehmung bei Geldentwertung

Westdeutscher Verlag

252. Sitzung am 8. Juni 1977 in Düsseldorf

CIP-Kurztitelaufnahme der Deutschen Bibliothek

Fels, Gerhard

Wiederbelebung der privaten Investitionstätigkeit als wirtschaftspolitische Aufgabe / Gerhard Fels. Finanzwirtschaftliche Planung in der Unternehmung bei Geldentwertung / Herbert Hax. 1. Aufl. – Opladen: Westdeutscher Verlag, 1978.

(Vorträge/Rheinisch-Westfälische Akademie der Wissenschaften: Natur-, Ingenieur- u. Wirtschaftswiss.; N 276)

ISBN-13: 978-3-531-08276-9 e-ISBN-13: 978-3-322-86432-1

DOI: 10.1007/978-3-322-86432-1

NE: Hax, Herbert: Finanzwirtschaftliche Planung in der Unternehmung bei Geldentwertung.

Gesamtherstellung: Westdeutscher Verlag GmbH

ISBN-13: 978-3-531-08276-9

Inhalt

Wiederbelebung der privaten Investitionstätigkeit als wirtschaftspolitische Aufgabe

Von *Gerhard Fels*, Kiel

1. Die private Investitionstätigkeit gilt als das Sorgenkind der Wirtschaftspolitik. Es sind in erster Linie die Erweiterungsinvestitionen, an denen es mangelt, und zwar nicht nur in der Bundesrepublik, sondern auch in anderen Industrieländern. Seit einigen Jahren wird nicht mehr so viel investiert, wie notwendig wäre, damit die Arbeitsplätze, die durch technischen Fortschritt und Strukturwandel wegfallen, ersetzt werden können. Nach einer Berechnung des IFO-Instituts entstehen im Bereich der Verarbeitenden Industrie seit der Rezession nur noch etwa 40000 Arbeitsplätze je Jahr, verglichen mit einem normalen Abgang von 120000 je Jahr[1]. Zwar dürfte die Industrie in Zukunft nicht mehr der am schnellsten wachsende Sektor der Volkswirtschaft sein; der Verlust an Arbeitsplätzen in der Industrie wäre aber gesamtwirtschaftlich nur dann unbedenklich, wenn an anderer Stelle – etwa im Dienstleistungssektor – so viele Arbeitsplätze hinzukommen, daß niemand freiwillig arbeitslos zu sein braucht und den nachwachsenden Jahrgängen genügend berufliche Chancen eröffnet werden. Berechnungen des Sachverständigenrates zeigen jedoch, daß sich in der Rezession von 1974/75 in der deutschen Wirtschaft eine Arbeitsplatzlücke geöffnet hat, die bei dem gegenwärtigen Wachstum und der gegenwärtigen Struktur der Investitionen eher größer als kleiner wird. Wie in den fünfziger Jahren ist die Situation durch Mangel an Arbeitsplätzen oder Realkapital gekennzeichnet.

2. Die Wirtschaftspolitik hat sich zu einem Programm, mit dem die privaten Investitionen belebt werden könnten, noch nicht durchgerungen. Nachdem die Investitionsprämie, die während der Rezession gewährt wurde, ausgelaufen war, vertraute die Wirtschaftspolitik darauf, daß sich im Aufschwung auch die Investitionstätigkeit wieder normalisieren würde. Aber die Hoffnung, daß der Aufschwung bei den Erweiterungsinvestitionen und am Arbeitsmarkt eine Wende bringen würde, ist enttäuscht worden. Der Aufschwung geriet 1977 ins Stocken. In dem zur

[1] IFO-Schnelldienst 5/77, Zuviel Rationalisierungsinvestitionen?

Verabschiedung anstehenden Steuerpaket müssen Maßnahmen, von denen eine die Unternehmensinvestitionen anregende Wirkung erhofft werden kann, mit der Lupe gesucht werden. Lediglich die vorgesehene Senkung der Vermögenssteuer und der Gewerbesteuer sind Schritte in diese Richtung, wobei man – wie noch zu zeigen sein wird – über das Instrument der Vermögenssteuersenkung geteilter Meinung sein kann. Das im Frühjahr eingeleitete Programm für Zukunftsinvestitionen bezieht sich ausschließlich auf öffentliche Investitionen, die zwar nützlich sein mögen, von denen ein entscheidender Impuls für die Privatinvestitionen aber nicht erwartet werden kann. Dieses Programm ist allenfalls geeignet, einen weiteren Rückgang der öffentlichen Bauinvestitionen zu verhindern. Größere Einkommenseffekte werden von ihm kaum ausgehen. Und daß ein Mangel an öffentlichen Infrastrukturinvestitionen augenblicklich ein Engpaß der privaten Investitionstätigkeit darstellt, ist nicht zu erkennen. Kurzum: Wege zu finden, auf denen Erweiterungsinvestitionen wieder in Gang kommen, bleibt ein Imperativ für die Wirtschaftspolitik.

3. Man könnte zunächst versucht sein, in einer Beschleunigung der Inflation ein Mittel zu sehen, das geeignet wäre, die Investitionstätigkeit zu beleben. Im Ausland, aber auch im Inland werden immer wieder Stimmen laut, die konkret zu einer expansiveren Geldpolitik raten. Dahinter steht die Vorstellung, daß eine solche Politik mehr Investitionen und mehr Beschäftigung hervorrufen könne. Inflation fördert jedoch die reale Expansion nur dann, wenn Geldillusionen vorhanden sind, das heißt vor allem, wenn die Gewerkschaften höhere Preise nicht sofort wieder durch höhere Löhne auszugleichen versuchen, und die Investoren meinen, daß dies auch in Zukunft so bleibt. Nur dann verbessert sich im Zuge der Inflation die Erlös-Kosten-Relation, und es werden mehr Investitionsprojekte als rentabel angesehen. Es ist allerdings höchst zweifelhaft, ob die Arbeitnehmer einen solchen Lohn-Lag noch einmal tolerieren werden. Der Zusammenhang, den die Phillips-Kurve beschreibt, daß nämlich eine positive Beziehung zwischen Inflation und Vollbeschäftigung besteht, gilt nicht mehr, wenn die Gewerkschaften in realen Größen rechnen. Zweifelhaft ist überdies, ob die Unternehmen sich durch eine inflationsbedingte Verbesserung ihrer Gewinnsituation zu mehr Investitionen verleiten lassen. Investitionen sind Engagements für viele Jahre, die nur dann getroffen werden, wenn mit einer dauerhaften Verbesserung der Ertragsaussichten gerechnet werden kann. Eine expansive Geldpolitik, die die Inflation beschleunigt, könnte die Investoren

sogar verunsichern, weil diese befürchten, daß es wieder zu einem Verteilungskampf kommt, in dem sie auf die Verliererseite geraten. Folglich sollte man mit anderen als inflatorischen Mitteln versuchen, die privaten Investitionen zu beleben und neue Arbeitsplätze zu schaffen.

4. Staatliche Maßnahmen zur Investitionsförderung kosten Geld, öffentliches Geld, das sich der Finanzminister entweder über Minderausgaben, Steuererhöhungen oder am Kapitalmarkt beschaffen muß. Jede dieser Finanzierungsformen wirkt in irgendeiner Weise negativ auf die private Aktivität zurück. Für den Umfang eines Förderungsprogramms kann deshalb nicht gelten: je mehr, um so besser. Weil die verfügbaren Fördermittel knapp sind, muß die Zielkonformität und die relative Effizienz der eingesetzten Instrumente sorgfältig geprüft werden. Dazu bedarf es einer gründlichen Diagnose der Investitionsschwäche. Welches sind ihre Ursachen, welche Rolle spielt die noch bestehende Unterauslastung der Kapazitäten und die vermehrte Unsicherheit, die aus den Rezessionserfahrungen, der weltwirtschaftlichen Labilität und dem Strukturwandel herrührt. Nicht alle dieser möglichen Ursachen sind einer exakten Analyse zugänglich. Trotzdem müssen sie bedacht werden.

5. Wenn – wie eingangs behauptet – eine Arbeitsplatzlücke existiert, so bedeutet dies, daß es vom sachlichen Produktionspotential her nicht möglich ist, kurzfristig wieder Vollbeschäftigung herzustellen. Selbst ein plötzlich sich entfaltender Nachfrageboom könnte nicht jedem Arbeitsuchenden wieder einen Arbeitsplatz verschaffen. Den Teil der Arbeitslosigkeit, der auf einer Arbeitsplatzlücke beruht, könnte man als nichtkonjunkturelle oder strukturelle Arbeitslosigkeit bezeichnen. Diese zu beseitigen, ist zwar möglich, aber erst im Zuge von Erweiterungsinvestitionen, die erfahrungsgemäß nur dann getätigt werden, wenn ein hohes Maß an Vertrauen in wirtschaftliche und politische Umwelt besteht. Daneben hat die Rezession – wie jede andere Rezession – auch konjunkturelle Arbeitslosigkeit entstehen lassen, die man an der Anzahl der Arbeitsplätze messen kann, die noch vorhanden sind und im Zuge einer konjunkturellen Nachfragebelebung wieder besetzt werden können, ohne daß erst zusätzliche Investitionen vorgenommen werden müssen. Einen Arbeitnehmer für einen vorhandenen Arbeitsplatz einzustellen, erfordert eine unternehmerische Entscheidung, die kurzfristig revidierbar ist und deshalb leichter getroffen wird als eine Investitionsentscheidung, die eine langjährige Festlegung bedeutet, vor der Unternehmer zurück-

schrecken, wenn die Absatzerwartungen durch Strukturwandel verunsichert sind oder das künftige Verhalten der Gewerkschaften schwer prognostizierbar erscheint. Die Unterscheidung zwischen konjunktureller und nicht-konjunktureller Arbeitslosigkeit ist von wirtschaftspolitischer Tragweite, weil sie den Blick auf die Angebotsseite der Volkswirtschaft lenkt. Nicht-konjunkturelle Arbeitslosigkeit kann nicht durch Konjunkturpolitik beseitigt werden. Allenfalls mit den Mitteln der Wachstums- und Strukturpolitik kann man dagegen angehen, gleichsam als Entlastung für die Lohnpolitik, der in erster Linie die Verantwortung dafür obliegt, daß genügend rentable Arbeitsplätze vorhanden sind.

6. In einer Reihe von Ländern – wie den Vereinigten Staaten, Italien und Großbritannien – scheint sich schon seit längerer Zeit strukturelle Arbeitslosigkeit in Gestalt einer Arbeitsplatzlücke herausgebildet zu haben, nicht zuletzt als Folge zu hoher Reallöhne und unsicherer Absatzerwartungen. Genaue Schätzungen über die Größe dieser Lücke gibt es freilich nicht. Ein Ergebnis der letzten Rezession ist, daß sie auch Ländern wie der Bundesrepublik ein strukturelles Beschäftigungsproblem hinterlassen hat. In der Bundesrepublik war die Investitionsschwäche schon seit Beginn der siebziger Jahre ausgeprägt und hat sich dann in der Rezession zu einer Arbeitsplatzlücke ausgeweitet[2].

7. Um die Größenordnung des strukturellen und konjunkturellen Beschäftigungsrückgangs zu illustrieren, der in der Rezession stattgefunden hat, soll auf Berechnungen des Sachverständigenrates zurückgegriffen werden, die dieser für die westdeutsche Wirtschaft durchgeführt

[2] In der Theorie läßt sich scharf zwischen konjunktureller und struktureller Arbeitslosigkeit unterscheiden. In der Empirie gibt es jedoch eine Reihe Schwierigkeiten. Die Anzahl der Arbeitsplätze und somit die Größe der Arbeitsplatzlücke kann nicht etwa statistisch erhoben werden, sondern ist das Resultat einer Modellrechnung, die mit methodischer Unsicherheit behaftet ist. Schwierig ist es nicht so sehr, die Zugänge zum Kapitalstock, das sind die Investitionen, zu ermitteln, sondern die tatsächlichen Abgänge, die mit den steuerlichen oder kalkulatorischen Abschreibungen nicht identisch sind. Diese Abgänge werden im allgemeinen mit Hilfe schematischer Funktionen für die wirtschaftliche Nutzungsdauer geschätzt. Diese Funktionen zeigen nicht an, wieviel Arbeitsplätze in Zeiten verstärkten Strukturwandels – sozusagen außerplanmäßig – durch Betriebsstillegungen und Konkurse vorzeitig verschrottet oder wirtschaftlich entwertet werden. Andererseits werden in Zeiten der Investitionsschwäche existierende Anlagen häufig länger genutzt als üblich, was dann zu einer Art Vergreisung des Kapitalstocks führt. Unbekannt ist auch, welcher Teil der gegenwärtig noch vorhandenen, aber nicht genutzten Anlagen jemals wieder in Betrieb genommen wird. Darüber entscheidet die künftige Struktur der Nachfrage. Solchen methodischen Unsicherheiten kann man nur durch sehr vorsichtige Annahmen begegnen.

hat[3]. Nach diesen Berechnungen belief sich das im Inland verfügbare Erwerbspersonenpotential (Erwerbstätige, Arbeitslose und Personen, die der sogenannten Stillen Reserve angehören) auf 26,6 Mill. Personen. Arbeitsplätze waren aber schätzungsweise nur für etwa 25,7 Mill. Personen vorhanden. Das ergibt eine Arbeitsplatzlücke von fast 1 Million. Die Anzahl der Personen, die einen Arbeitsplatz suchen (registrierte Arbeitslose und Personen aus der Stillen Reserve) läßt sich auf 1,6 Millionen veranschlagen. Als Differenz verbleibt dann eine konjunkturelle Arbeitslosigkeit in der Größenordnung von 600000–700000, die aber tatsächlich geringer sein dürfte, weil davon noch ein fluktuationsbedingtes Minimum von 200000–300000 Arbeitslosen abzusetzen ist. Diese Zahlen vermitteln einen Eindruck von der Struktur und der Dimension des Beschäftigungsproblems, das in der Rezession entstanden ist. Mit gleichen Methoden läßt sich beispielsweise zeigen, daß die Rezession von 1967 nur eine verhältnismäßig geringe Arbeitsplatzlücke verursacht hatte, die im Zuge des Investitionsbooms von 1968 bis 1970 rasch wieder geschlossen werden konnte.

8. Außer in dem forcierten Reallohnanstieg scheint die Ursache der Investitionsschwäche und der Arbeitsplatzlücke darin zu liegen, daß die Unternehmen durch den Strukturwandel überfordert werden. Jedenfalls scheinen die Risiken, die der Strukturwandel in sich birgt, höher veranschlagt zu werden als die Chancen, die er eröffnet. Daß Strukturwandel nicht beschäftigungsneutral bewältigt werden kann, ist für die Bundesrepublik eine neue Erfahrung. Bis Anfang der siebziger Jahre konnte ein hohes Maß an sektoralen Verschiebungen reibungslos vonstatten gehen, gleichsam unter Ausschluß der wirtschaftspolitischen Öffentlichkeit. Unternehmen und Arbeitnehmer hatten wenig Schwierigkeiten, neue Produktionsbereiche zu finden, wenn der Wettbewerb dies notwendig werden ließ. Als wichtigste Ursachen des schwieriger gewordenen Strukturwandels kommen außer der Energieverteuerung und dem Geburtenrückgang vor allem das Vordringen von Anbietern aus Niedrig-Lohn-Ländern und die Neubewertung der D-Mark in Betracht. Als weitere Ursache wird eine abnehmende Innovationshäufigkeit genannt.

9. Die Energieverteuerung hat die deutsche Wirtschaft von der Kostenseite her einigermaßen verkraften können; freilich haben die Zahlungs-

[3] Sachverständigenrat zur Begutachtung der gesamtwirtschaftlichen Entwicklung, Zeit zum Investieren. Jahresgutachten 1976/77, Stuttgart und Mainz 1976, Anhang VIII.

bilanzprobleme, die in anderen Industrieländern dadurch entstanden oder verschärft worden sind, Unsicherheit über den Export gebracht. Zu einem Störfaktor für Investitionen, die zur Ölsubstitution notwendig sind, weiten sich die Proteste lautstarker Bürgerinitiativen aus. Der Geburtenrückgang vermindert die Nachfrage nach Bildungseinrichtungen, Wohnraum und anderen lebenswichtigen Gütern, erhöht aber die Nachfrage nach Gütern des gehobenen Bedarfs, weil mehr Kaufkraft dafür zur Verfügung steht. Das Vordringen von Anbietern aus Niedrig-Lohn-Standorten gehört zu den wichtigsten Komponenten des Strukturwandels in den letzten Jahren. Viele Industriebereiche, die standardisierte und arbeitsintensive Güter herstellen, stehen unter starkem Anpassungsdruck. Die Neubewertung der D-Mark, die zur Korrektur eines chronischen außenwirtschaftlichen Gleichgewichts nötig war, hat wahrscheinlich die meisten der gegenwärtigen strukturellen Anpassungsprobleme entstehen lassen. Industrielle Produktionen, die sich weder durch exklusive Technologien noch durch hohe Qualität im verschärften internationalen Wettbewerb behaupten können, müssen umgestellt werden oder haben keine dauernden Überlebenschancen.

10. Die erfolgreiche Anpassung hat man sich vor allem über Innovationen vorzustellen, über neue Produkte und Produktionsverfahren, die sich den Markt selbst schaffen. Länder mit so hohem Entwicklungs- und Lohnniveau wie die Bundesrepublik Deutschland müssen durch solche Innovationen an der internationalen Arbeitsteilung mitwirken. Innovationen beruhen auf Anstrengungen in der produktionsnahen Forschung und Entwicklung. Können hochentwickelte Länder nicht genügend Innovationen hervorbringen, so neigen sie dazu, sich an alten Produktionen festzuklammern. Sie stehen dann nicht nur ihrer eigenen Weiterentwicklung im Wege, sondern behindern auch die Integration der zurückgebliebenen Länder in die weltwirtschaftliche Arbeitsteilung. Wenn es an der Spitze einer Kolonne zu Stockungen kommt, drohen Kollisionen innerhalb der Kolonne. Die realen Ausgaben für Forschung und Entwicklung haben jedoch in der Bundesrepublik seit einigen Jahren nicht mehr zugenommen. Auch weltweit scheint die Innovationshäufigkeit rückläufig zu sein, wie eine Untersuchung aus den Vereinigten Staaten zeigt[4].

11. Ursachen des Strukturwandels sind nicht gleichbedeutend mit Ursachen struktureller Ungleichgewichte. An das marktwirtschaftliche

[4] National Science Board, Science Indicators 1974, Washington D.C., 1975.

System ist die Erwartung geknüpft, daß es den Strukturwandel bewältigt, und zwar möglichst reibungslos dadurch, daß die relativen Preise und Löhne flexibel auf Überkapazitäten und Engpässe reagieren und so die erwünschten Anpassungen hervorbringen. Die Preis- und Lohnrelationen sind jedoch in der Marktwirtschaft heutigen Typs nicht hinreichend beweglich. Preissenkungen sind selten, und die Löhne in den einzelnen Bereichen orientieren sich häufig mehr an überkommenen Gerechtigkeitsvorstellungen als an der jeweiligen Knappheit an Arbeitskräften. Solche Unvollkommenheiten des Marktmechanismus können die Ursache dafür sein, daß die Umleitung der Ressourcen von dem einen in den anderen Produktionsbereich mit Friktionen in Form von Firmenzusammenbrüchen und Arbeitslosigkeit verbunden ist.

12. Von Unternehmern und Gewerkschaften, aber auch aus dem Bereich der staatlichen Wirtschaftspolitik wird immer wieder die Frage gestellt, welche Bereiche in Zukunft denn das Wachstum tragen werden; wüßte man das, könnte man durch gezielte Maßnahmen Investitionen in genau den „richtigen" Bereichen fördern. Diese Frage können Wissenschaftler jedoch kaum beantworten, jedenfalls nicht in einer Volkswirtschaft, die weltwirtschaftlich gesehen einen Spitzenplatz in der technologischen und ökonomischen Entwicklung einnimmt. Weniger entwickelte Länder haben den Vorteil, daß sie Verhaltensmuster und Technologien, die es bereits in höher entwickelten Ländern gibt, importieren und imitieren können. Daraus lassen sich Informationen über die Formen künftigen Wachstums gewinnen. Bereits hochentwickelte Länder besitzen lediglich Informationen über das künftige Schicksal ihrer alten Industrien, nämlich aus der Beobachtung der Industrialisierungsprozesse in den weniger entwickelten Ländern. Das Aufspüren neuer Wachstumschancen ist dagegen primär eine unternehmerische Aufgabe, die durch wissenschaftliche Prognosen zwar erleichtert, aber nicht gelöst werden kann. Die sektorale Struktur des künftigen Wachstums ist nur in Umrissen zu erkennen. Wachstumsträger werden Produktionen sein, die die Produktionskräfte besonders intensiv nutzen, mit denen ein hochentwickeltes Industrieland besonders reichlich ausgestattet ist: das hohe Qualifikationsniveau der Arbeitskräfte und die Fähigkeit, neue Techniken und Produkte zu entwickeln. Auch Dienstleistungen, die einen steigenden Freizeit- und Kommunikationsbedarf decken, dürften einen wachsenden Markt haben. Energieerschließende, energiesparende und umweltschonende Technologien und angemessene Fertigungstechniken für Entwicklungsländer werden gefragt sein. Welche Güter und Produk-

tionsverfahren aber im einzelnen die Marktreife erlangen werden, muß den Suchprozessen der Unternehmen überlassen bleiben.

13. Gegen eine Förderung der privaten Investitionen wird häufig vorgebracht, daß sie überwiegend dazu diente, Arbeitsplätze „wegzurationalisieren". Diese Sorge beruht auf der Vermutung, daß durch Rationalisierungsinvestitionen Arbeitsplätze vernichtet werden. Einer gründlichen ökonomischen Analyse hält diese These allerdings nicht stand. Unternehmen, die Rationalisierungsinvestitionen tätigen, sind bemüht, auch bei hohem und weiterhin steigendem Lohnniveau am inländischen Standort zu überleben. Die Höhe des Lohnniveaus ist es, die Arbeitsplätze vernichtet, nicht die Rationalisierungsanstrengung. Diese resultiert häufig daraus, daß ein vorangegangener Lohnanstieg das Knappheitsverhältnis zwischen Arbeit und Kapital verändert hat. Es lohnt sich mehr als bisher, auf kapitalintensivere Fertigungen umzusteigen, Produktionsumwege einzuschlagen, wie es in der Kapitaltheorie heißt. Dieser Rationalisierungsvorgang ist – so paradox es klingen mag – für sich genommen beschäftigungssteigernd, und zwar nicht nur deshalb, weil er die Wettbewerbsfähigkeit der verbleibenden Arbeitsplätze sichert, sondern vor allem, weil der Rationalisierungseffekt, den die Investition hat, in den ersten Perioden nach dem Investitionsakt kleiner ist als der Einkommenseffekt, der auf die Produktion des Investitionsgutes zurückgeht. Das gilt auch dann, wenn der Anstoß zur Rationalisierung von einer Neuerung ausging, die nicht durch die Lohnhöhe induziert wurde. Die Maschine, die einen Arbeitsplatz pro Jahr einspart, muß in der Regel mit dem mehrfachen Einsatz an Arbeitskräften produziert werden. Zunächst einmal und in gesamtwirtschaftlicher Sicht mildert daher der längere Produktionsumweg, der über die Rationalisierungsinvestition eingeschlagen wird, den beschäftigungsdämpfenden Effekt, der vom überhöhten Lohnniveau ausgeht. Um dies an einem aktuellen Beispiel zu erläutern: Wären 1975 und 1976 keine Rationalisierungsinvestitionen vorgenommen worden, dann hätte die Investitionsgüterindustrie einen noch viel drastischeren Einbruch hinnehmen müssen, als dies ohnehin der Fall war. Längerfristig gesehen müssen freilich Rationalisierungsinvestitionen mit Strukturwandel und Erweiterungsinvestitionen einhergehen, wenn das alte Beschäftigungsvolumen aufrechterhalten werden soll. Das war bis 1973 stets gelungen und sollte mit einigen Anstrengungen im Bereich der Wirtschaftspolitik und der Lohnpolitik auch in Zukunft erreichbar sein. Aber selbst wenn ein so kräftiges Wachstum wie in der Vergangenheit nicht mehr gewünscht werden sollte, sind

Rationalisierungsinvestitionen positiv zu bewerten. Sie erlauben einen Produktivitätsfortschritt, der Spielraum für Arbeitszeitverkürzung oder eine humanere Arbeitswelt schafft.

14. Obwohl der Lohndruck in den vergangenen Jahren recht stark war, ist für die Industrie daraus keineswegs ein Übermaß an Rationalisierungsinvestitionen entstanden. Die Investitionen, als deren Hauptmotiv Rationalisierung angenommen werden kann, waren in der Verarbeitenden Industrie absolut und real gesehen in den siebziger Jahren nicht höher als in den sechziger Jahren; sie sind andererseits im Verlauf der letzten Jahre trotz der allgemeinen Investitionsschwäche auch nicht gesunken[5]. Offenbar hat der Kostendruck dafür gesorgt, daß es trotz der Rezession nicht zu einem Rückgang der Rationalisierungsinvestitionen gekommen ist. Vermehrte Rationalisierungsanstrengungen hat es in letzter Zeit lediglich im Bereich des Handels, der Verwaltung und der Bank- und Versicherungswirtschaft gegeben. In der Industrie haben nur die Ersatzinvestitionen zugenommen, was darauf schließen läßt, daß da, wo mehr investiert wird, die alten Produktions- und Absatzstrukturen weitgehend erhalten bleiben. In dieses Verhalten paßt das anhaltend niedrige Niveau der Investitionen, die mit Produktionserweiterung in Zusammenhang gebracht werden: Diese waren im Rezessionsjahr 1975 auf einem ähnlich niedrigen Niveau wie in den Rezessionsjahren 1958 und 1967. Im Unterschied zu den nachfolgenden Aufschwungphasen von damals haben sich die Erweiterungsinvestitionen diesmal im Aufschwung nicht erholt. Sie dürften in der Verarbeitenden Industrie im Jahre 1977 ebenso wie 1967 und 1975 etwa 6 Mrd. DM betragen, nur ein Drittel ihres Volumens von 1970 und nur die Hälfte ihres Volumens von 1972 und 1973.

15. Staatliche Investitionsförderung ist nur dann nötig, wenn die Eigendynamik, die der Marktwirtschaft innewohnt, zu schwach ist. Das ist insbesondere dann der Fall, wenn die marktwirtschaftlichen Steuerungsinstrumente, Güterpreise, Löhne und Zinsen, nicht genügend flexibel sind. Der informelle und anonyme Entscheidungsprozeß am Markt wird dann teilweise ersetzt durch einen formellen und politisierten Entscheidungsprozeß, in dem erfahrungsgemäß Verteilungsgesichtspunkte eine maßgebliche Rolle spielen und häufig den Ausschlag zuungunsten der privaten Gewinne und Investitionen geben. Für die

[5] IFO-Schnelldienst 5/77, Zuviel Rationalisierungsinvestitionen?

Selbstheilungskräfte gibt es jedoch nur unvollkommenen wirtschaftspolitischen Ersatz, und der ist überdies fiskalisch gesehen sehr teuer. Denn eine Lohnerhöhung, die nur um einen Prozentpunkt niedriger ausfällt als sonst, erspart den Arbeitgebern jetzt und in der Zukunft etwa sechs Milliarden DM jährlich; eine Zinssenkung um einen Prozentpunkt verbilligt die Finanzierung der laufenden Investitionsausgaben um zweieinhalb Milliarden DM je Jahr. Solche Anreize über die öffentlichen Haushalte zu geben, wirft Finanzierungsprobleme auf und schafft politischen Zündstoff. Wenn die Mittel am Kapitalmarkt aufgebracht werden müssen, kann es überdies leicht vorkommen, daß die Unternehmen sich einem steigenden Zinsniveau gegenübersehen. Die Einwirkungsmöglichkeiten der Wirtschaftspolitik sind also begrenzt.

16. Löhne und Zinsen haben in der jüngsten Zeit auf veränderte Marktbedingungen reagiert, wenn auch nicht in ausreichendem Maße. Die Lohnsteigerungen waren 1976 durchaus maßvoll. Das Ziel war damals Reallohnsicherung. Dennoch ergab sich ex post ein Reallohnanstieg von fast 3 vH, vor allem aufgrund rückläufiger Inflationsraten. Im Jahre 1977 gingen die Lohnsteigerungen – zum Teil erheblich – über die Abschlüsse von 1976 hinaus. Dabei mag Enttäuschung über die geringen beschäftigungspolitischen Wirkungen der Lohnpolitik von 1976 im Spiel gewesen sein. Offenbar hatte man übersehen, daß bei beweglichen Wechselkursen die Beschäftigungseffekte einer inländischen Kostendämptung geringer sind als bei festen Wechselkursen. Die Zinsen gingen 1976 zunächst nur langsam zurück, insbesondere weil der Staat noch hohe Defizite zu finanzieren hatte. Im Jahre 1977 scheint die Konsolidierung der öffentlichen Haushalte weitgehend abgeschlossen zu sein. Durch Ausgabeneinschränkungen und Steuermehreinnahmen sind die Defizite der öffentlichen Hand auf das Maß reduziert worden, das durch konjunkturbedingte Mindereinnahmen und eine Normalverschuldung, die sich am Produktionspotential orientiert, bestimmt ist. Eine deutliche Zinssenkungstendenz ist im weiteren Verlauf des Jahres 1977 nicht ausgeschlossen. Dazu hat auch die in bezug auf die Inflationsbekämpfung erfolgreiche Geldmengenpolitik der Bundesbank beigetragen.

17. Die mittelfristigen Erwartungen scheinen jedoch – trotz der vertrauensbildenden Maßnahmen im Bereich der Finanz- und Geldpolitik – noch nicht so stabilisiert worden zu sein, daß wieder mehr Erweiterungsinvestitionen gewagt werden. Es scheint daher angebracht zu sein, die Marktkräfte durch geeignete wirtschaftspolitische Maßnahmen zu unter-

stützen. Von dieser Überlegung ließ sich der Sachverständigenrat leiten, als er in seinem letzten Jahresgutachten ein Programm der wachstumspolitischen Vorsorge zur Diskussion stellte[6]. Es war kein Konjunkturprogramm im herkömmlichen Sinne, das für mehr Nachfrage sorgen sollte, sondern es war angebotsorientiert, das heißt, es setzte im Bereich des Wachstums und des Strukturwandels an. Das Programm sah nicht so sehr eine generelle steuerliche Entlastung der Unternehmensgewinne vor, sondern eine stärkere staatliche Beteiligung am Investitions- und Neuerungsrisiko. Im einzelnen und bezogen auf die Investitionen wurde vorgeschlagen,

- die Sätze für die degressive Abschreibung zu erhöhen,
- die betrieblichen Aufwendungen für Forschung und Entwicklung durch eine Prämie oder eine Steuergutschrift zu fördern und
- durch zinsbegünstigte Kredite mehr als bisher zur Gründung neuer Unternehmen anzuregen.

Alle diese Maßnahmen sollten nicht vorübergehend, sondern auf Dauer angelegt sein. Darüber hinaus war vorgesehen, im Zuge der Fortsetzung der Steuerreform das Steuersystem wachstumsfreundlicher zu gestalten. Als Beispiel sei der Abbau der Gewerbesteuer genannt, wobei Mindereinnahmen durch eine Erhöhung der Mehrwertsteuer ausgeglichen werden sollten. Die Mehrwertsteuer hat – wegen des Vorsteuerabzugs auf Investitionen – den Vorteil, daß sie Produktionsumwege erst dann belastet, wenn diese erfolgreich durchschritten worden sind. Die staatliche Risikobeteiligung ist hier vollkommen: Bleibt der Erfolg aus, wird auch keine Steuer fällig.

Der Sachverständigenrat hat in seinem jüngsten Jahresgutachten darüber hinaus erneut Vorschläge zur Gewinnbeteiligung und Vermögensbildung der Arbeitnehmer erörtert, und zwar insbesondere unter dem Gesichtspunkt einer breiteren Eigenkapitalbasis der Unternehmen. Je mehr die Löhne ertragsabhängig werden, um so mehr beteiligen sich die Arbeitnehmer am Risiko. Das kann die staatliche Risikobeteiligung ergänzen.

18. Man kann sich ein Programm, das durch Investitionen und Neuerungen gefördert werden soll, auch mit anderem Inhalt vorstellen. Andere Formen der Investitionsförderung sind denkbar. Auch mag man sich über Modelle einer optimalen Forschungs- und Entwicklungsförde-

[6] Sachverständigenrat ..., Jahresgutachten 1976/77, Ziffern 303ff und Ziffern 458ff.

rung streiten. Wenig streitig dürfte jedoch sein, daß bei den Forschungs- und Entwicklungsaufwendungen ein wichtiger Ansatzpunkt für die Innovationsförderung liegt. Der Industrie ist außerdem an einer Senkung der ertragsunabhängigen Steuern, insbesondere der Vermögensteuer mehr gelegen als an Abschreibungserleichterungen. Das ist verständlich. Denn Abschreibungserleichterungen werden kurzfristig nur erfolgswirksam, wenn bei positiven Gewinnen investiert wird. Eine Senkung der Vermögensteuer bringt den Unternehmen unmittelbar Ertragsvorteile, die nicht an vorhandene Gewinne und nicht an einen Investitionsakt geknüpft sind. Was aus unternehmerischer Sicht erwünscht ist, braucht aus gesamtwirtschaftlicher Sicht aber nicht zweckmäßig zu sein. Im Falle einer Senkung der Vermögensteuer sind die Steuerausfälle vom Investitionsverhalten unabhängig. Der Sachverständigenrat hat sich bei seinem Vorschlag, die degressiven Abschreibungen auf Dauer zu erleichtern, davon leiten lassen, daß dies eine angemessene Form der staatlichen Beteiligung an der mittelfristigen Ertragsunsicherheit ist. Unternehmen, die davon Gebrauch machen, verbleibt kurzfristig ein höherer Nettoertrag als gegenwärtig. Spätere Erträge sind dann zwar mit einem höheren Steueranspruch belastet; dieser entfällt aber, wenn die Erträge ausbleiben. Erweist sich dagegen die Unsicherheit als überschätzt und fallen die Erträge höher aus, braucht der Staat keinen Einnahmeausfall hinzunehmen.

19. Investitionen haben nicht nur einen Kapazitätseffekt, sondern auch und zuallererst einen Einkommenseffekt, der für eine bessere Auslastung der Investitionsgüterindustrien – mit Folgewirkungen auf andere Bereiche – sorgt. Bisher wurde der Aufschwung weitgehend vom Lageraufbau, vom Export und vom Konsum getragen, die induzierten Investitionen mochten nicht in Gang kommen. Den Prognosen für 1977 liegt ein ähnliches Nachfragemuster zugrunde: Export plus Konsum. Bei dieser Verwendungsstruktur des Sozialproduktes kann die Arbeitsplatzlücke in absehbarer Zeit nicht geschlossen werden. Die Investitionsquote verharrt aller Voraussicht nach auch 1977 auf dem Tiefstand von 22 vH. Wenn die Arbeitsplatzlücke bis 1980 ganz oder zu einem nennenswerten Teil beseitigt werden soll, müßte diese Quote erheblich steigen. Im Unternehmenssektor wären dazu Zuwächse der realen Bruttoanlageinvestitionen von 8 bis 10 vH jährlich nötig. Dabei ist bereits unterstellt, daß die Kapitalintensität nicht mehr so stark steigt wie in der Vergangenheit, die veränderte Lage am Arbeitsmarkt also den Rationalisierungszwang auf mittlere Sicht eher mildert. Auch wenn diese An-

nahme richtig ist, erweist sich die Beseitigung der Arbeitslosigkeit in einer Situation, wie sie heute vorliegt, als ein langwieriger Prozeß. Es kommt entscheidend darauf an, daß so bald wie möglich eine Welle von Erweiterungsinvestitionen in Gang gesetzt wird, die kurzfristig für mehr Nachfrage sorgt und mittelfristig die Arbeitsplätze schafft, die für Vollbeschäftigung nötig sind.

20. Zusammenfassend ist festzuhalten, daß die Wirtschaftspolitik zur Überwindung der Investitionsschwäche vor allem insoweit beitragen kann, als sie die Rahmenbedingungen für Investitionen, Innovationen und die Gründung neuer Unternehmen verbessert. Der nicht-konjunkturelle oder strukturelle Teil der Arbeitslosigkeit hängt aber in erster Linie mit einem zu hohen Lohnniveau und einer verzerrten Lohnstruktur zusammen. Die Wirtschaftspolitik wäre überfordert, wenn sie alle diese Fehlentwicklungen korrigieren sollte. Strukturwandel, das zeigen die Erfahrungen aus der Vergangenheit, läßt sich um so leichter bewältigen, je niedriger die Lohnsteigerungen und je stärker deshalb der Sog am Arbeitsmarkt ist. Die beschäftigungspolitische Verantwortung der Tarifvertragsparteien muß deshalb erhalten bleiben; sie wird durch eine staatliche Investitionsförderung eher ergänzt als aufgehoben. Es darf nicht dazu kommen, daß der Steuerzahler für Schäden haftbar gemacht wird, die andere durch Mißbrauch ihrer Marktmacht angerichtet haben.

Diskussion

Herr Krelle: Sie sagten, daß es, wenn wir zuwenig Arbeitsplätze haben, im Grunde an Kapital fehlen würde; wir brauchen zu viel Kapital pro Arbeitsplatz. Ich glaube, daß das auch im Lichte der Ausführungen, die Sie zum Schluß gemacht haben, so eigentlich nicht stehenbleiben kann. Man muß einen Grund dafür finden, warum seit ein paar Jahren bei uns ein struktureller Arbeitsplatzmangel besteht, während wir vorher einen Überfluß an Arbeitsplätzen hatten. Wir haben ja insgesamt bis zu 2,4 Millionen ausländische Arbeitskräfte hereingeholt, weil die Zahl der Arbeitsplätze die der inländischen Arbeitskräfte überstieg. Ich möchte Ihre These und meine Erklärung wie folgt formulieren.

Bezeichnen wir mit c die Kapitalmenge (K) pro Arbeitsplatz, so ist die Beschäftigung (A) offensichtlich bestimmt durch

$$A = \frac{1}{c} \cdot K . \tag{1}$$

Wenn also A kleiner ist als die Vollbeschäftigung A^*, so deshalb, weil wir zu wenig Kapital haben. Kapitalbildung, also Investition, ist dann die Abhilfe. Das haben Sie im ersten Teil Ihres Vortrages gesagt. Nun muß man aber fragen, warum denn c plötzlich so groß geworden ist. Die Kapital-Arbeits-Relation ist ja keine Naturkonstante, sondern ist selbst ein ökonomisches Problem. c kann wie folgt abgeleitet werden.

Sei f eine linear-homogene konkave Produktionsfunktion bei Harrod-neutralem technischem Fortschritt mit einem Fortschrittsfaktor π, so gilt für das Sozialprodukt x:

$$x = f(\pi A, K)\,,\ f_i' > 0\,,\ f_i'' < 0\,,\ i \in \{\pi A, K\}\,. \tag{2}$$

Wegen der Linearhomogenität von f kann man dies schreiben als

$$x = \pi A \cdot \varphi\left(\frac{K}{\pi A}\right),\ \varphi' > 0\,,\ \varphi'' < 0\,. \tag{3}$$

Aufgelöst nach A erhält man also für die Beschäftigung:

$$A = \frac{1}{\pi\varphi\left(\frac{K}{\pi A}\right)} \cdot x . \tag{4}$$

Da die Produktion x auch abgesetzt werden muß, kann man dies so ausdrücken: Die Beschäftigung hängt ab vom Stand der Technologie π, von der Kapital-Arbeits-Relation (Arbeit gerechnet in Effizienzeinheiten) und von der Nachfrage x. Die Unternehmer werden die Kapital-Arbeits-Koppelung so wählen, daß ihre Kosten minimal sind:

$$l \cdot A + z \cdot K = \min ! \tag{5}$$

unter der Nebenbedingung (3). Hier sind l der Reallohnsatz und z die Kapitalnutzungskosten (user cost of capital, hier kurz „Zins" genannt), also:

$$z = p_K(r + d + t_K) , \tag{6}$$

wenn p_K der Preis der Kapitalgüter ist, r die Zinsrate, d die Abschreibungsrate, t_K der Gewinnsteuersatz. Die Lösung der Aufgabe (5) führt auf die Grenzproduktivitätssätze von Lohn- und Zinssatz:

$$\begin{aligned} A \leftarrow l &= \lambda\pi\left(\varphi - \varphi' \cdot \frac{K}{\pi A}\right) =: \lambda \cdot \pi \cdot \Phi_1\left(\frac{K}{\pi A}\right), \quad \Phi_1' > 0 \\ K \leftarrow z &= \lambda\varphi' \qquad =: \lambda\Phi_2\left(\frac{K}{\pi A}\right), \quad \Phi_2' < 0 , \end{aligned} \tag{7}$$

wobei λ ein Lagrangescher Multiplikator ist. Somit ist

$$\frac{l}{z} = \pi \cdot \psi\left(\frac{K}{\pi A}\right), \quad \psi' > 0 , \tag{8}$$

und bei Auflösung nach $K/\pi A$:

$$\frac{K}{A} = \Phi\left(\frac{l}{z}, \pi\right), \quad \text{mit } \partial\Phi/\partial\left(\frac{l}{z}\right) > 0 . \tag{9}$$

Die Kapital-Arbeits-Relation hängt also bei gegebenem Stand der Technologie vom Lohn-Zins-Verhältnis ab.

Warum haben wir also jetzt Arbeitslosigkeit? Bei einer gegebenen realen Nachfrage x liegt das daran, daß wir ein zu hohes Verhältnis von Lohn zu Zins haben, also ein relativ zu hohes Reallohnniveau. Bei dem hohen Reallohnniveau ist die Kapitalintensität einfach zu groß.

In dieser Situation gibt es zwei Möglichkeiten. Die erste ist, mehr reale Nachfrage zu bekommen, trotz der hohen realen Kosten. Die zweite Möglichkeit ist, dafür zu sorgen, daß die Reallohnsteigerungen nicht weiterhin im bisherigen Tempo vorwärtsgehen. Wir haben Reallohnsteigerungen gehabt, die weit über das hinausgingen, was sozial möglich war. Die Konsequenzen sehen wir jetzt: nur noch Arbeitsplätze mit sehr hoher Kapitalintensität sind wirtschaftlich möglich. Infolgedessen haben wir die sogenannte strukturelle Arbeitslosigkeit. Sie verschwindet, wenn wir eine entsprechende Lohnpolitik betreiben.

Man muß also einerseits die reale Nachfrage vergrößern – ich bin nicht Ihrer Ansicht, daß man bei der Nachfrage überhaupt nichts machen sollte –, andererseits aber ein tragbares Lohn-Zins-Verhältnis wiederherstellen.

Was die reale Nachfrage angeht, so geben die Ölländer etwa zwischen 40 und 50 Mrd. Dollar von ihren Öleinnahmen nicht wieder direkt aus. Das bedeutet natürlich zunächst einmal unmittelbar einen Ausfall an realer Nachfrage in dieser Größenordnung. Nun wird ein Teil dieser Beträge über die Kapitalmärkte wieder eingeschleust, aber eben wohl nicht voll wieder für reale Güternachfrage benutzt werden. Ich glaube, dieser Punkt spielt, jedenfalls auf internationalem Niveau, eine Rolle, die man vielleicht noch erörtern könnte.

Im übrigen bin ich auch Ihrer Ansicht, daß eine Förderung des technischen Fortschritts einen erheblichen Vorteil bringen würde. Dabei muß man aber bedenken, daß, wenn der technische Forschritt steigt, natürlich auch weniger Arbeitskräfte bei sonst gleichen Verhältnissen gebraucht werden. Das schlägt also nach beiden Seiten aus. Bei neuen Produkten ist das Ergebnis eindeutig, aber bei neuen Verfahren nicht.

Herr Fels: Daß dem Reallohnniveau bei der Bekämpfung der Arbeitslosigkeit strategische Bedeutung zukommt, ist auch meine Auffassung. Ich meine jedoch, daß Ihre Formulierung meine These nur zum Teil trifft.

In Ihrem Modell hängt die Beschäftigung ab vom Stand der Technologie π, der Kapital-Arbeits-Relation K/A und der realen Nachfrage x; bei gegebener Technologie ist K/A dabei eine Funktion des Verhältnisses des Lohnes l zu den Kapitalkosten z. Man kann das Problem sicher so formulieren. Die Dauer des Produktionsumwegs, die wir als K/A messen, hängt ab von der Technologie und der Faktorpreisrelation, wobei man noch darauf hinweisen müßte, daß Technologie und Faktorpreise sich gegenseitig beeinflussen können. Die Kapitalintensität K/A spielt auch eine entscheidende Rolle bei der Berechnung des Arbeitsplatzpotentials, in die sie neben dem Kapitalstock eingeht. Da die Entwicklung des Arbeitsplatzpotentials bis 1980 berechnet wurde, mußte K/A bis dahin vorausgeschätzt werden. Obwohl sich K/A in der Vergangenheit als eine recht stabile Funktion der Zeit erwiesen hat, kam eine einfache Trendextrapolation nicht in Frage. Es mußte versucht werden, veränderten Knappheitsverhältnissen am Arbeitsmarkt und möglichen Rückwirkungen auf die Art des technischen Fortschritts Rechnung zu tragen. Sowohl l/z als auch π waren somit im Schätzkalkül. Weil bei Arbeitslosigkeit l/z zumindest auf mittlere Sicht weniger steigen dürfte als unter den Beschäftigungsbedingungen der Vergangenheit und auch der technische Fortschritt weniger arbeitssparend sein dürfte, hat der Sachverständigenrat bis 1980 einen deutlich langsameren Anstieg von K/A unterstellt, als er in der Vergangenheit zu beobachten war.

Offen bleibt in Ihrem Modell jedoch die Frage, wovon die reale Nachfrage x abhängt, insbesondere ob sie von der Technologie, den Löhnen und Zinsen, also dem Kostenniveau, unabhängig ist. Gerade hier liegt der wirtschaftspolitische Sprengstoff. Sie vertreten die Auffassung, es gebe die Möglichkeit, „mehr reale Nachfragen zu bekommen, trotz der hohen realen Kosten". Das nimmt die staatliche Nachfragesteuerung in die Pflicht. Ich meine jedoch, das Reallohnniveau ist nicht nur deshalb wichtig, weil es im Verhältnis zu den Kapitalkosten die Länge der Produktionsumwege bestimmt, sondern vor allem auch deshalb, weil vom Lohn als dem wichtigsten gesamtwirtschaftlichen Kostenfaktor die Menge der insgesamt rentablen Produktionschancen entscheidend abhängt. Auf das reale Lohnniveau kommt es unter aktuellen Nachfragegesichtspunkten sogar mehr an als auf das Verhältnis von Lohn zu Zins, weil bei einer Reallohnsenkung die Produktionsumwege ja kürzer werden und von daher der Investitionsbedarf abnimmt. Die eigentliche Frage ist jedoch, ob „mehr reale Nachfrage" zur Disposition der Wirtschaftspolitik steht. Die Erfahrungen der letzten Jahre haben die Zweifel verstärkt, daß durch globale staatliche Nachfrageimpulse die Beschäftigung nachhaltig erhöht werden kann, solange das Kostenniveau nicht zu Vollbeschäftigung paßt. Wenn man freilich für möglich und wünschenswert hält, die realen Kosten durch Inflation abzusenken, wird man den staatlichen Handlungsspielraum größer einschätzen. Sonst wäre allenfalls erwägenswert, daß eine Reallohnkorrektur mit einer staatlichen Initialzündung kombiniert wird, damit die neu eröffneten Produktionschancen möglichst schnell genutzt werden.

Auch der Umstand, daß die Öllander einen großen Teil ihrer Einnahmen nicht wieder direkt ausgeben, ändert nichts an meiner zurückhaltenden Einschätzung der staatlichen Nachfragesteuerung. Durch die Ölpreiserhöhung ist die Weltsparquote angestiegen. Das Problem besteht darin, die Weltinvestitionsquote entsprechend zu erhöhen, vermehrtes Geldkapital also in vermehrtes Realkapital zu überführen. Ohne Korrektur des Kostenniveaus und der übrigen Investitionsbedingungen kann in keinem Land von einem staatlichen Nachfragestoß eine nachhaltige Wirkung auf die Beschäftigung erwartet werden.

Was die Innovationsförderung anlangt, so sind wir im Prinzip nicht weit auseinander. Ich teile allerdings nicht Ihre Skepsis, daß Verfahrensinnovationen den Arbeitskräftebedarf vermindern. Es gibt selbstverständlich Freisetzungen. Aber wenn man sich die Sättigungshypothese nicht aneignet, kann es nur an insgesamt ungünstigen Produktions- und Investitionsbedingungen liegen, daß die freigesetzten Arbeitskräfte nicht woanders unterkommen. Im übrigen sollte man auch berücksichtigen, daß die Bundesrepublik gerade bei der Entwicklung neuer Produktionsverfahren komparative Vorteile in der internationalen Arbeitsteilung nutzen kann.

Herr Dünbier: Man kann wirklich den größten Teil des hier Ausgeführten aus der Sicht der Praxis unterstreichen, auch was die Hilfsmittel angeht. Nur hapert es natürlich mit der Anwendung solcher Mittel, die Sie vor allen Dingen in bezug auf notwendige „Marscherleichterungen", wie ich es einmal genannt habe, anbieten. Letztlich läuft dies ja darauf hinaus, daß in der Wirtschaft für die Zukunft das Vertrauen in Wirtschaftspolitik und Gesellschaftspolitik wiederhergestellt wird. Hier ist der Unternehmer in starkem Maße verunsichert.

Ich weiß nicht, ob ich Sie bei Ihrem Schlußsatz falsch verstanden habe, aber ich möchte das Wort nicht im Raume stehenlassen, daß man den Bürger nicht zum Steuerzahlen heranziehen kann, um den „Machtmißbrauch" anderer auszugleichen. Hier geht es nicht um Machtmißbrauch.

Ich möchte nun an die Ausführungen meines Vorredners anknüpfen, meine aber, daß man dazu nicht so große Formeln braucht, um als Erkenntniswert herauszubekommen, daß die Reallohnsteigerung endlich aufhören muß. Das hat nichts mit Arbeitnehmerfeindlichkeit oder Gewerkschaftsfeindlichkeit zu tun. Hier wird eine Frage angerührt, die ganz gravierend ist, und ich möchte sie Ihnen an einigen wenigen Zahlen klarmachen.

Es ist von den Preisen und von den Löhnen gesprochen worden. Ein Punkt ist aber nicht berücksichtigt worden, nämlich die produktive Investition, die rentable Investition. Mir scheint, daß dies ein sehr, sehr wichtiger Punkt auch für die Beurteilung der Investitionsbereitschaft ist.

Ich glaube, wir sollten in diesem Kreise deutlich werden, damit wir uns verstehen: In der Zeit von 1970 bis 1976 sind im Wege der Umverteilung 150 Mrd. DM zu Lasten der Ergebnisse weggegangen. Das ist die Hauptursache dafür – es sind nicht so sehr die strukturellen Einflüsse –, daß in demselben Zeitraum eine Investitionslücke von 173 Mrd. DM entstanden ist. Die Zahlen mögen um einige Milliarden variieren, was aber nicht entscheidend ist. Es hat einmal ein „böser" Unternehmerverband vom Wegtarifieren der Arbeitsplätze gesprochen. Das ist überspitzt, aber irgendwo rührt es an den Kern des Problems.

Hierher gehört auch, daß in dem gleichen Zeitraum – ich stelle es jetzt einmal anders dar – die Löhne um 80% und die Preise um 40% gestiegen, die Ergebnisse aber um 37% heruntergegangen sind. Das ist die Basis, auf der wir die Investitionsabstinenz der Unternehmer sehen müssen. Es ist also teils die Unmöglichkeit zu investieren, weil die Mittel fehlen, zum anderen ist es, wie gesagt, das fehlende Vertrauen in die Zukunft in bezug auf Wirtschaftspolitik und Gesellschaftspolitik.

Noch ein Umstand, der zur Betrachtung der Frage der Investitionsbereitschaft gehört: Sie haben von einem Ankündigungseffekt im negativen Sinne gesprochen, was sehr richtig ist. Wir müssen uns nämlich bei aller Mathematik daran erinnern, daß 50% aller Wirtschaftspolitik angewandte Psychologie ist und daß wir Konjunkturen herauf- und herunterreden können. Schließlich wirkt sich das konjunkturpolitische Verhalten als die Summe der Einzelentscheidungen einer Vielzahl von Individuen aus, die ihrerseits wirtschaftliche Fakten schaffen und beeinflussen. Und das macht den Unterschied zwischen der Wetterprognose und der Wirtschaftsprognose aus. Die Wetterprognose mag grundfalsch sein, sie hat keinerlei Einfluß auf das Wetter. Anders ist es bei der Wirtschaftsprognose mit ihrer vielfältigen Konjunkturbeeinflussung.

Ich will noch etwas zu dem sehr richtigen Vorschlag sagen, daß wir Steuersenkungen in Betracht ziehen müssen. Auch ich bin der Meinung, daß man hiermit nicht den Steuerzahler belasten sollte, sondern daß der Gegenwert an anderer Stelle eingespart werden muß. Es ist schon richtig, was der Präsident des Bundesverbandes der Handwerker einmal gesagt hat: „Die gewinnunabhängigen Steuern zu senken, ist die wirksamste Mittelstandspolitik, die man betreiben kann.“ Und das bezieht sich nicht nur auf den Mittelstand, sondern das gilt für Große und Kleine ohne Unterschied.

Ich unterstreiche, was Sie gesagt haben. Vor allem hat mir gefallen, wie Sie das Problem der Rationalisierungsinvestitionen darstellten. Ich würde nur wünschen, daß diese Darstellung größere Verbreitung findet; denn wir sind mitten in einem Prozeß, bei dem es zu einer emotionalen Verteufelung der Rationalisierungsinvestitionen kommt. Wer sich gegen diese wendet, stellt die Sicherheit der Arbeitsplätze ebenso in Frage wie den inflationsfreien Lohnkostenausgleich durch entsprechende Produktivitätssteigerung. Das ist richtig dargestellt worden, und ich möchte, wie gesagt, hoffen, daß man auch in dieser Frage zu einer Versachlichung der Diskussion kommt.

In der Schwierigkeit der Durchführung liegt der Kern der ganzen Problematik. Sie haben selbst Zweifel, ob allein die Senkung der Vermögenssteuer der richtige Weg ist, und man kann tatsächlich darüber geteilter Meinung sein. Aber wenn ich sehe, welchen Hickhack es in der Koalition ausgelöst hat, zu der Bereitschaft zurückzukehren, die Vermögenssteuer zu senken, wie es schon abgesprochen und proklamiert war, und das nur aus Sorge, daß die Koalition unter dem Einfluß der F.D.P. zerfallen könnte, dann frage ich Sie allerdings: Wie wird man insbesondere die Gewerbekapitalsteuer und die Lohnsummensteuer senken können, also die ergebnisunabhängigen Steuern, die herabgesetzt werden müssen, wenn überhaupt eine Bereitschaft zu Investitionen erreicht werden soll, um neue Arbeitsplätze schaffen zu können?

Ich kann Ihnen nicht die Frage stellen, wie Sie sich die Realisierung Ihrer Vorschläge denken. Da sind Sie überfordert. Das ist eine Frage, bei der der Sachverständigenrat immer recht gute Ansichten vertreten hat. Die Crux bleibt natürlich die Realisierbarkeit; da fehlt es, und da wird es leider auch weiterhin fehlen. Ich glaube, es muß noch schlimmer kommen, bis die Konsequenzen gezogen werden, die Sie sehr richtig als Heil- und Hilfsmittel anbieten.

Herr Fels: Ich will mich kurz fassen. Bis Herbst 1976 war vorherrschende Meinung, daß die Probleme, die uns jetzt so sehr beschäftigen, sich im Zuge des Aufschwungs weitgehend von selbst lösen würden. Die Einsicht, daß wir es bei der Investitionsschwäche und der Arbeitslosigkeit in erster Linie mit einem strukturellen Problem zu tun haben, hat sich erst in jüngerer Zeit durchgesetzt.

Der Lernprozeß, der Ende letzten Jahres in Gang gekommen ist, ist sicher noch nicht zu Ende. Häufig vergehen im politischen und sozialen Raum einige Jahre, bis eine neue Diagnose zu konkreten Maßnahmen und Verhaltensänderungen führt. Die Wechselkursdebatte der sechziger Jahre ist ein Beispiel dafür. Auf die Vorstellungen der Wissenschaftler ist die Politik erst eingeschwenkt, als sie keinen anderen Ausweg mehr sah.

Die weitere Entwicklung wird sicher die Einsicht verstärken, daß in den privaten Investitionen der Schlüssel zur Vollbeschäftigung liegt. Es sind allerdings verteilungspolitische Hemmnisse zu überwinden, die zwar größtenteils vordergründiger Natur, erfahrungsgemäß aber langlebig sind. Der Sachverständigenrat kann nur versuchen, eine richtige Diagnose anzubieten und Handlungsalternativen aufzuzeigen. Direkte Einflußmöglichkeiten haben wir nicht. Die Regierung ist nicht verpflichtet, die Vorschläge aufzugreifen. Sie muß dazu nur Stellung nehmen; weiteres schreibt das Gesetz nicht vor.

Eine Anmerkung zu Ihrer Umverteilungsdiagnose: Die Lohnentwicklung in den siebziger Jahren war der Beschäftigung nicht förderlich. Man kann aber nicht ohne weiteres sagen, daß die Löhne bedenkenlos erhöht wurden. Insbesondere 1974, als der Anstieg der Löhne sehr stark war, beruhten die Abschlüsse auf einer falschen Preisprognose. Zu Beginn des Jahres 1974, nach dem Ölpreisanstieg, deuteten die Prognosen auf einen Anstieg des Preisniveaus von 10 vH hin. Die Tarifabschlüsse fielen entsprechend hoch aus. Die Bundesbank hatte es mit ihrer Antiinflationspolitik jedoch ernst gemeint und konnte den Preisanstieg bei 7% begrenzen. Was zuviel an Löhnen vereinbart worden war, fehlte bei den Gewinnen. Im Jahre 1976 zeigte sich ein ähnliches Bild; der Preisanstieg war erneut geringer, als zu Beginn des Jahres erwartet worden war. Außerdem darf man nicht nur die interne Lohnentwicklung sehen, sondern muß die Wechselkursentwicklung mit ins Bild rücken. Die kräftige Höherbewertung der DM hatte zur Folge, daß die deutschen Löhne heute zu den höchsten in der Welt gehören. Es wäre eigentlich notwendig gewesen, die Wechselkurspolitik mit der Lohnpolitik zu koordinieren, wie es der Sachverständigenrat Ende der sechziger Jahre vorgeschlagen hatte. Eine solche Koordination kam aber in den siebziger Jahren nicht zustande. Die Wechselkurse wurden im Gefolge von Währungskrisen gleichsam unter pathologischen Umständen geändert. Vorher war immer wieder betont worden, daß sie nicht geändert würden. Die Gewerkschaften konnten sich folglich an veränderte Daten nur schlecht anpassen. Die Kombination von unvorhergesehenen Wechselkursanpassungen und unvorhergesehener Antiinflationspolitik hat entscheidend dazu beigetragen, daß der Stabilisierungsprozeß in die Krise führte. Die Stabilisierungskrise hat dann eine Reihe von ungelösten Strukturproblemen sichtbar werden lassen, die jetzt den Aufschwung belasten. Diese Strukturprobleme lassen sich nur lösen, wenn auch die Fehlentwicklungen im Bereich der Lohnpolitik korrigiert werden. Denn den Wechselkurs hat die Wirtschaftspolitik nicht mehr in der Hand, und sie sollte ihn aus guten Gründen auch nicht mehr anzufassen versuchen.

Herr Dünbier: Ich darf noch einen Satz anschließen, an den mich das Stichwort Dollar erinnert. Sie machten den Hinweis, daß wir praktisch weltweit eine Investitionsmüdigkeit haben. Dabei sprachen Sie allerdings ganz allgemein vom Ausland. Mit Blick auf die USA darf ich an eine Relation zu uns erinnern. Im Jahre 1975 betrug unsere Umsatzrendite nach Steuern 1,3%. Im gleichen Jahr belief sie sich bei den Amerikanern auf 4,4%. Heute beträgt sie bei den Amerikanern 7%, und wir haben dort bei den Investitionen, bei den Anlageerweiterungen ein kräftiges Wachstum. Um ein solches echtes Wachstum müssen wir uns sehr ernstlich bemühen, und zwar auch mit unpopulären Mitteln.

Herr Fels: Nur ein Wort dazu: Der Dollar ist abgewertet, die D-Mark ist aufgewertet worden. Das hat im Endeffekt die Standortbedingungen, soweit sie von der Gewinnsituation abhängen, bei uns verschlechtert.

Herr Albach: Ich wollte gern an das anknüpfen, was Sie zuletzt gesagt haben, dann aber noch zwei Punkte grundsätzlicher Art hinzufügen.

Wenn der Sachverständigenrat eine so enge Beziehung zwischen Wechselkursfreigabe und Lohnpolitik gesehen hat, dann hätte man doch vielleicht auch die strukturellen Beziehungen etwas stärker in den Blick nehmen müssen; denn die Lohnpolitik hängt bei uns doch nicht nur vom Export ab, sondern auch von anderen Bereichen, und sie wird in Bereichen zum Vorreiter gemacht, die überhaupt nichts mit dem Export zu tun haben, z. B. ÖTV und Druck und Papier.

Nicht alle Wirtschaftszweige sind gleichmäßig am Export beteiligt. Wenn es richtig ist, was die Monopolkommission gesagt hat, daß 50% des deutschen Exports von den hundert größten deutschen Firmen gemacht wird, dann ist damit ein Struktureffekt angesprochen, der vielleicht doch ein wenig Vorsicht vor der Erwartung rechtfertigte, daß man mit Freigabe der Wechselkurse automatisch Zurückhaltung in der Lohnpolitik erwarten könnte.

Damit bin ich aber bei dem Punkt, den ich gern im Anschluß an das, was Herr Krelle gesagt hat, ansprechen möchte. Er hat das Kapital-Arbeits-Verhältnis von den jeweiligen Preisen abhängig gemacht.

Sollte man nicht auch strukturelle Aspekte berücksichtigen? Oder kann man die Strukturen, auf die ich jetzt zu sprechen kommen will, etwa auch aus den Preisverhältnissen für die beiden Faktoren erklären?

Wenn ich mir die Formel ansehe, in der steht, daß $A = y/f$ usw. ist, dann würde man, wenn man die Kapitalintensität des Arbeitsplatzes senkt, zu einer höheren Beschäftigung kommen. Das steht praktisch in dieser Formel. Hier wird es von den Preisverhältnissen abhängig gemacht.

Nun will ich aber einmal unterstellen, die Konzentrationsbewegung wäre in der Bundesrepublik nicht so groß, wie sie tatsächlich ist. Meine Schätzung ist, daß in den kleinen deutschen Aktiengesellschaften der Arbeitsplatz 70000 DM kostet, in den großen 90000 DM. Wenn wir dieses Verhältnis als generell gültig zugrunde legen und unterstellen, daß es gelänge, durch Strukturwandel und Dekonzentration die Kapitalintensität auf 70000 DM für alle Arbeitsplätze zu senken, dann brauchten wir rund 2 Millionen Arbeitskräfte mehr.

Die Frage ist also: Wie sieht es mit der Konzentration aus? Ist die Konzentrationsbewegung in der Bundesrepublik nicht viel zu stark gewesen?

Ich habe auch einmal geschätzt, was denn passiert wäre, wenn in den letzten Jahren nicht so viele kleine Betriebe auf der Strecke geblieben wären. Es gibt ja die Konkursstatistiken, wonach in den letzten Jahren jährlich rund 10000 Betriebe in Konkurs gegangen sind. Wenn wir die stillen Betriebsaufgaben hinzunehmen und sie grob auf noch einmal 10000 schätzen, dann die Zahlen nehmen, die für Rheinland-Pfalz gelten, nämlich 36 Beschäftigte pro stillgelegten Betrieb, dann sind es rund 700000 Arbeitsplätze, die jährlich durch die offenen oder stillen Betriebsstillegungen wegfallen. Sie sind natürlich irgendwo untergekommen, denn die Nachfrage mußte ja weiter befriedigt werden. Wenn wir nun annehmen, daß sie in der Großindustrie untergekommen sind, dann sind es schätzungsweise 150000 Arbeitsplätze, die netto weggefallen sind, weil die kleinen Betriebe mit höherer Arbeitsintensität ausgeschieden sind und ihre Arbeitskräfte in die Großindustrie gegangen sind, wo sie mit höherer Kapitalintensität und damit höherer Arbeitsproduktivität arbeiten.

Meine Frage zur Konzentration ist also: Sollte man die Ursachen der Beschäftigungsprobleme auch in Problemen unserer Wettbewerbspolitik sehen und nicht nur in der Lohnpolitik? Sicher wäre es ganz falsch, aus arbeitsmarktpolitischen Gründen Wettbewerbsbeschränkungen hinzunehmen statt die Wirksamkeit des Wettbewerbs zu erhöhen. Das wäre ein Schritt in die falsche Richtung, auch in der Stahlindustrie. Das ist natürlich dem Sachverständigenrat aus der Seele gesprochen, aber ich wollte es zumindest anschneiden.

Wir würden zweitens das Kapital-Arbeitsverhältnis senken, wenn wir unsere Wirtschaftsstruktur stärker in Richtung Dienstleistungen veränderten. Das ist eine alte These. Auch Mommsen hat einmal gesagt, daß wir für unsere deutschen Wechselkurse und Löhne wahrscheinlich zuwenig Dienstleistungen haben. Wir haben aber den Dienstleistungsbereich unglücklicherweise zu einem ganze großen Teil im staatlichen Sektor – Schulen, Hochschulen, öffentliche Verwaltung usw. –, und da hat in den letzten Jahren eine merkwürdige Rationalisierungswelle eingesetzt, nämlich z. B. einfach Currikularrichtwerte hochzusetzen und das als Rationalisierung zu bezeichnen. Ohne marktwirtschaftliche Kontrolle des Dienstleistungsbereichs ist die Umstrukturierung der wirtschaftlichen Richtung auf Dienstleistungen auch kein Heilmittel. Ich möchte Sie bitten, auf diesen Aspekt einzugehen. Wir würden doch sehr schnell das Kapital-Arbeitsverhältnis verbessern können, wenn der öffentliche Dienstleistungsbereich stärker privatisiert würde, was vielleicht gar nicht so schlecht wäre.

Der dritte Aspekt, den ich ansprechen möchte, ist die Frage der Innovation. Sie haben gesagt, wir täten auf der Innovationsseite zuwenig. Auf der anderen Seite haben Sie dann von den Rahmenbedingungen gesprochen. Ich frage mich, ob wir nicht gerade in den Bereichen, wo Wachstum möglich wäre, z. B. nämlich im pharmazeutischen Bereich, der ja eine ungewöhnliche Wachstumsindustrie war, oder im Bereich der Kernkraftwerksanlagen, der eine Wachstumsindustrie werden könnte, alles getan haben, um durch Regulierungsmaßnahmen, Auflagen der verschiedensten Art sehr stark regulierend und reglementierend einzugreifen. Wir können doch nicht gut auf der einen Seite sagen: Wir fördern die Forschung und auf der anderen Seite: Wir erschweren die Verwertung der Ergebnisse der Forschung durch Produzentenhaftung, durch Produkthaftung, durch Registrierungspflichten, durch Produktionsauflagen usw. Mir scheint das eine etwas schizophrene Politik zu sein, und mich würde Ihre Meinung zu der Frage interessieren, ob wir nicht die Innovationspolitik viel besser dadurch förderten, daß wir weniger direkte Finanzhilfen geben und mehr die Rahmenbedingungen verbesserten, indem wir abschreckende Reglementierungen im administrativen Bereich abbauten. Der Konsumentenschutz brauchte dabei nicht zu leiden.

Bei diesen drei Punkten möchte ich es belassen.

Herr Fels: Ihr erster Punkt bezog sich auf den Zusammenhang zwischen Lohnentwicklung und Wechselkursentwicklung. Automatisch hat man in der Tat durch die Freigabe des Wechselkurses nicht Zurückhaltung in der Lohnpolitik erwarten können. Wären die Wechselkurse jedoch früher freigegeben worden, hätte sich die Lohnpolitik besser orientieren können. Man muß freilich sehen, daß seit den frühen siebziger Jahren die Lohnführerschaft gewechselt hat. In den fünfziger und sechziger Jahren gab es eine Art Lohnführerschaft des Metallbereichs. In den siebziger Jahren marschierte dagegen häufig der öffentliche Dienst voran. Im Metallbereich war die internationale Konkurrenz nach 1970 sehr stark geworden, der öffentliche Dienst brauchte darauf keine Rücksicht zu nehmen. Aber auch im Binnenbereich hängen die Lohnabschlüsse von den Preiserwartungen ab; ob diese Preiserwartungen sich realisieren lassen, darüber bestimmt der Wechselkurs mit, ebenso wie die Notenbank, die bei flexiblen Wechselkursen das Geldangebot kontrollieren kann. Im übrigen ist nirgends festgelegt, daß der Exportbereich dem „Lohnführer" folgen muß, wenn dadurch Arbeitsplätze aufs Spiel gesetzt werden.

Struktureffekte schlagen sich natürlich auch in der Kapitalintensität nieder. Es waren aber nicht nur im Export tätige Großunternehmen, die den verschärften Wettbewerb zu spüren bekamen. In den inländischen Bereichen, die mit Importen konkurrieren, herrschen kleine und mittlere Unternehmensgrößen vor. Das gilt auch für den Maschinenbau, der auf ausländischen wie auf inländischen Märkten unter Druck geriet und zusätzlich unter der Investitionsschwäche zu leiden hat. Hätten sich diese Bereiche allmählich an veränderte Wettbewerbsverhältnisse anpassen können, hätten möglicherweise weniger Betriebe schließen müssen, wäre die Konzentrationstendenz geringer gewesen und die Kapitalintensität weniger gestiegen. Durch Dekonzentration die gesamtwirtschaftliche Kapitalintensität zu senken, ist theoretisch denkbar. Aber wie soll man das veranstalten? Die Wettbewerbspolitik, auch wenn sie konsequent betrieben wird, kann auf kurzfristige Erfolge nicht hoffen. Und sie wird sich besonders schwertun, wenn sie sich einer Konzentrationstendenz entgegenstemmt, die vom Druck der Lohnkosten und des Auslandswettbewerbs herrührt.

Der Strukturwandel in Richtung Dienstleistungssektor mag den Anstieg der durchschnittlichen Kapitalintensität ebenfalls vermindern, obwohl das nicht ohne weiteres als sicher gelten kann. Der Dienstleistungssektor ist in der Bundesrepublik weniger entwickelt als in Ländern mit vergleichbarem Pro-Kopf-Einkommen, was damit zusammenhängt, daß die Unterbewertung der D-Mark in den sechziger Jahren vorwiegend die Industrie begünstigt hat. Der Dienstleistungssektor hat aber in den vergangenen Jahren in bezug auf die Beschäftigung nicht die Erwartungen erfüllt, die an ihn gerichtet waren. Soll man warten, bis der Strukturwandel sich doch in dieser Richtung durchgesetzt hat? Soviel Atem wird die Wirtschaftspolitik nicht haben. Kann man diesen Strukturwandel gezielt fördern? Dazu gibt es keine Mittel, die zugleich marktkonform und kurzfristig wirksam sind. Privatisierung staatlicher Dienstleistung wäre ein marktkonformer Weg, aber ein dornenvoller und langwieriger. Es bleibt auf kurze und mittlere Sicht nur übrig, daß die Produktions- und Investitionsbedingungen allgemein verbessert werden. Ebenso wie Sie bin ich jedoch der Meinung, daß Regulierungen so weit und so schnell wie möglich abgebaut werden müssen, damit sich die Marktkräfte frei entfalten können. Auch Regelungen und Auflagen, die die Innovationstätigkeit behindern, sind in diesem Zusammenhang zu nennen. Die Frage ist nur, wie schnell kommt man zum Ziel, sind das alles nicht Aufgaben für den Rest dieses Jahrhunderts? Für jede einzelne Regelung gibt es ja eine Rechtfertigung, wie gut oder schlecht sie auch immer begründet sein mag. Auf eine Wirtschaftspolitik, die Innovationen durch staatliche Kosten- und Risikobeteiligung zu fördern versucht, wird man deshalb vorläufig kaum verzichten können.

Herr Müller: Obwohl ich kein Wirtschaftler bin, möchte ich etwas fragen. Wie geht in diese Prognosen die technische Entwicklung ein? Dabei ist zu bedenken, daß in den letzten 25 Jahren eine Jahrhundertsituation insofern vorgelegen hat, als wir eine rasante technologische Entwicklung hatten, die sich natürlich auch wirtschaftlich auswirkte. Ist dieser Prozeß in die Überlegungen zur Deutung unserer Situation mit einbezogen? Gehen Sie davon aus, daß sich der technische Faktor so verhält wie früher? Sehen Sie Perspektiven neuer Technologien, die zum wirtschaftlichen Wachstum beitragen können?

Man muß doch wohl unterscheiden, ob eine Situation vorliegt, wie etwa im Mittelalter, als die technischen Möglichkeiten konstant waren und man nur mit den Problemen von Geld, Kapital und Arbeitskraft zu rechnen hatte, oder ob man eine Situation hat, wie wir sie in den letzten 25 Jahren hatten, als die technischen Innovationen entscheidendes wirtschaftliches Moment waren.

Herr Fels: Prognosen des technischen Fortschritts sind eigentlich ein weißer Fleck auf der ökonomischen Landkarte. Es gibt nur vage Vorstellungen darüber, wie der technische Fortschritt verläuft. Um bei einem konkreten Beispiel zu bleiben: Wenn man sich überlegt, was bis etwa 1980 mit der Kapitalintensität geschehen wird, dann kommen Überlegungen mit zum Zuge, ob der technische Fortschritt in dem Maße arbeitssparend verlaufen wird wie in der Vergangenheit oder ob wir es jetzt mit einer Art kapitalsparendem technischen Fortschritt zu tun haben. So ist etwa die Entwicklung der Technologie in der Stahlindustrie in den letzten Jahren äußerst kapitalsparend gewesen. Die Miniaturisierung im Computerbereich ist kapitalsparend. Unter Umständen könnte es auch sein, daß der Übergang von der mechanischen zur elektronischen Steuerung eine kapitalsparende Neuerung darstellt.

Ein exaktes quantitatives Prognoseverfahren für den technischen Fortschritt gibt es aber nicht. Man hat zwar über weite Zeiträume gesehen eine gewisse Vorstellung von langfristigen Aufschwungs- und Abschwungsphasen, wie sie von Kondratieff und Schumpeter beschrieben wurden. Für eine kurzfristige Prognose geben solche langfristigen Entwicklungsmuster aber wenig her. Soweit man Informationen hat, versucht man sie zu integrieren; leider ist das aber bisher nur mit „Fußgängermethoden" möglich. Ein ökonometrisches Modell, mit dem man technischen Fortschritt prognostizieren könnte, ist mir nicht bekannt.

Herr Albach: Es käme ja auch darauf an, ob das *π in Deutschland* zu Arbeitsplätzen führt. Ich würde, wenn ich Unternehmer wäre, folgendes Rezept anwenden: Ich würde mir in Deutschland etwas einfallen lassen, in Japan die Forschungsförderung dafür kassieren und in Brasilien produzieren.

Herr Krelle: Es wäre doch ein schönes Konzept, daß wir die Forschungsindustrie weit genug ausbauen könnten. Dann würden wir hier Wissen und Produktionsverfahren erzeugen und damit unsere Bevölkerung beschäftigen, während die anderen das Wissen und die Verfahren benutzen, um damit Güter zu erzeugen.

Herr Fels: Was Sie beschreiben, Herr Albach und Herr Krelle, zielt auf ein Szenarium für eine internationale Arbeitsteilung. Wir sind im

Institut für Weltwirtschaft in Kiel dabei, aufgrund empirischer Untersuchungen festzustellen, wie sich die Standortbedingungen für verschiedene Aktivitäten verändern. Wir untersuchen etwa, ob es die Forschungs- und Entwicklungsintensität, die Humankapitalintensität oder die Sachkapitalintensität ist, die für die Überlebensaussichten einer Branche an einem Hochlohn-Standort entscheidend ist. Ein Ergebnis dieser Untersuchungen ist, daß die forschungs- und entwicklungsintensiven Aktivitäten gewisser Branchen sich in der Bundesrepublik recht gut behaupten können, während die einfachen Fertigungsaktivitäten zunehmend verlagert werden müssen. Fertigungsaktivitäten, deren Produktionstechnik international übertragbar ist, wandern ab nach Singapur, Taiwan oder Brasilien – um nur diese Länder zu nennen. Dies ist nur ein Beispiel. Man kann daneben noch viele andere neue Formen der internationalen Arbeitsteilung beobachten.

Herr Döring: Das ist zum Beispiel in der Rundfunkgerätefertigung der Fall. Entwickelt werden die Geräte in Deutschland, gebaut werden sie z. B. in Taiwan oder Singapur.

Herr Krelle: Trotzdem darf man dabei nicht zu weit gehen, weil man Produktionsverfahren nur entwickeln kann, wenn man auch Erfahrung in der Produktion hat. Die Produktion muß also zumindest in Teilen hier sein.

Herr Fels: Deshalb ist auch das Bild vom Blaupausenexport irreführend. Es ist ja erfahrungsgemäß nicht so, daß hier allein die Forschung stattfindet und anderswo die Fertigung. Es bestehen nämlich enge Komplementaritäten zwischen Forschungsaktivitäten und Produktionsaktivitäten, zumindest in der ersten Phase des Produktzyklus. Man kann etwa die Montage eines ausgereiften Automobils heute auch in einem Entwicklungsland vornehmen. Aber die Entwicklung eines neuen Automobils und dessen Ausreifung in den ersten fünf bis sieben Jahren sind eine Aktivität, die auch an Hochlohn-Standorten immer noch profitabel ist. Man sammelt Erfahrungen mit der Produktion in der ersten Phase des Produktzyklus. Bis das Produkt ein Reifestadium erreicht hat und überall produziert werden kann, vergehen viele Jahre. Insofern sind Befürchtungen, die an die These vom Blaupausenexport geknüpft wurden, unbegründet. Wissen wird international in erster Linie in Form von wissensintensiven Produkten gehandelt und nicht so sehr in reiner Form.

Finanzwirtschaftliche Planung in der Unternehmung bei Geldentwertung

Von *Herbert Hax*, Köln

I. Geldentwertung als Gegenstand betriebswirtschaftlicher Forschung

Die Geldentwertung mit ihren Auswirkungen auf die Unternehmung ist ein Gegenstand, mit dem sich die Betriebswirtschaftslehre schon seit langem befaßt hat. Man kann sogar sagen, daß die Beschäftigung mit dieser Problematik die Entwicklung des Faches maßgeblich geprägt hat. Die Erfahrungen mit der Inflation nach dem 1. Weltkrieg stellten das damals noch junge Fach vor Probleme, die mit herkömmlichen Techniken nicht zu bewältigen waren, und gaben damit den Anstoß zur Entwicklung theoretischer Konzeptionen, wie sie vor allem in klassischen Arbeiten von Fritz Schmidt und Eugen Schmalenbach ihren Niederschlag gefunden haben. Dies war ein wesentlicher Schritt für die Entwicklung des Faches von einer kaufmännischen Kunstlehre zur modernen Theorie der Unternehmung.

Die Auswirkungen der Geldentwertung auf die Unternehmung sind bis heute ein wesentlicher Gegenstand betriebswirtschaftlicher Forschung geblieben. Das liegt zum einen an der fortdauernden Aktualität des Problemkreises, zum anderen daran, daß theoretische und methodische Fortschritte neue Erkenntnismöglichkeiten eröffnen. Der Schwerpunkt des Interesses hat sich in den letzten Jahren innerhalb des Problembereiches deutlich verlagert. In den Arbeiten der 20er Jahre ging es immer nur um die Frage, wie das Rechnungswesen der Unternehmung den durch die Geldentwertung gestellten Anforderungen angepaßt werden könne. Dieses Problem ist nach wie vor aktuell, doch wird es heute in einem breiteren Rahmen gesehen. Geldentwertung stellt die gesamte Unternehmungspolitik vor schwierige Anpassungs- und Entscheidungsprobleme. Das gilt vor allem für den Bereich der finanzwirtschaftlichen Planung, bei der es um die Gestaltung zukünftiger Zahlungsströme mit Hilfe von Investitionen und Finanzierungsmaßnahmen geht. Entscheidungen im Rahmen der finanzwirtschaftlichen Planung orientieren sich an dem Ziel, eine maximale oder zumindest hinreichende Verzinsung für das eingesetzte Kapital zu erreichen, und an der Nebenbedingung, daß die Zahlungsfähigkeit der Unternehmung jederzeit gesichert bleiben muß. Wie eine erwartete Geldentwertung bei diesen Entscheidungen zu berücksichtigen ist und welche Auswirkungen sie auf die Entscheidungen hat, ist in einer Reihe neuerer Arbeiten untersucht worden. Hier liegt ein aktueller Schwerpunkt betriebswirtschaftlicher Forschung[1].

II. Preise und Zinssätze bei Geldentwertung

Geldentwertung ist gleichbedeutend mit einem Ansteigen der Güterpreise. Die Messung des Ausmaßes der Geldentwertung stößt aber auf die Schwierigkeit, daß keineswegs alle Preise in gleichem Maße, vielmehr manche stärker, manche weniger ansteigen, einige sogar sinken. Je nach dem, welchen Preisindex man verwendet, auf welchen Güterkorb man sich also bezieht, kann man bei der Messung des Ausmaßes der Geldentwertung zu sehr unterschiedlichen Ergebnissen kommen.

Bei der theoretischen Analyse von Auswirkungen der Geldentwertung geht man häufig von der Annahme aus, daß alle Preise im gleichen Maße ansteigen. Dies ist zwar in Wirklichkeit nicht der Fall; doch, so läßt sich argumentieren, müssen zwei Phänomene gedanklich voneinander getrennt werden: Einerseits die in einem gleichmäßigen Ansteigen aller Preise zum Ausdruck kommende Geldentwertung, andererseits Verschiebungen unter den relativen Güterpreisen, zu denen es auch ohne Geldentwertung kommen kann.

Diese Argumentation setzt allerdings voraus, daß die beiden Phänomene völlig unabhängig voneinander sind, daß also bei Geldentwertung genau die Veränderungen der relativen Preise eintreten, zu denen es auch ohne Geldentwertung kommen würde. Ausgeschlossen wird damit, daß es durch die Geldentwertung selber zu Änderungen der relativen Preise kommt. Das ist keineswegs selbstverständlich. In einem System von Gleichgewichtspreisen auf allen Gütermärkten scheint zwar zunächst die Annahme gerechtfertigt, daß die relativen Preise durch die Knappheit der verfügbaren Ressourcen und durch die Nachfrage bestimmt werden und durch eine Änderung des allgemeinen Preisniveaus unberührt bleiben. Es wird jedoch zu zeigen sein, daß diese Annahme nicht immer

[1] Vgl. insbesondere Poensgen, O. H., und Straub, H., Inflation und Investitionsentscheidung, in: ZfB., 44 Jg., 1974, S. 785–810; Strobel, Wilhelm, Der Einfluß einer allgemeinen Inflation auf Ausschüttungsniveau, Investitions- und Kapitalstruktur einer Unternehmung, in: Der Betrieb, 29. Jg., 1976, S. 2217–2221, 2265–2269; Swoboda, Peter, Auswirkungen einer Inflation auf den Unternehmungswert, in: ZfbF., 29. Jg., 1977, S. 667–688; Wentz, Rolf-Christian, Steuerorientierte Investitionsplanung und Inflation, Berlin 1977.

zutrifft, auch nicht, wenn man im Rahmen der Gleichgewichtsbetrachtung bleibt[2]. Darüber hinaus muß aber in Betracht gezogen werden, daß die Märkte der Realität im Gegensatz zu denen der Theorie keineswegs vollkommen sind. Für die Unternehmungspraxis stellt sich das Problem so, daß es in vielen Fällen schwierig sein wird, in Anbetracht der Marktverhältnisse die bei Geldentwertung eintretenden Faktorpreissteigerungen auf die Produktpreise zu überwälzen. Die theoretische Argumentation würde nun lauten, daß in den Fällen, in denen die Überwälzung nicht voll gelingt, ohne die Geldentwertung mit einem Sinken dieser Preise zu rechnen wäre. Das ist aber keineswegs ein zwingender Schluß; Beschränkungen des Wettbewerbs, wie sie etwa durch abgestimmtes Verhalten auf oligopolistischen Märkten entstehen, können leicht ein Sinken des Preises bei konstantem allgemeinem Preisniveau verhindern, nicht ganz so leicht jedoch eine Preiserhöhung bei steigendem allgemeinem Preisniveau bewirken. Man wird deswegen bei Geldentwertung eine größere Flexibilität der relativen Preise erwarten dürfen als bei gleichbleibendem Geldwert.

Wenn in den folgenden Überlegungen zunächst von der Annahme ausgegangen wird, daß alle Preise sich bei Geldentwertung in gleichem Maße erhöhen, so liegt darin eine Vereinfachung, die die Annäherung an eine modellmäßige Erfassung der Problemstellung erleichtern soll, die aber durchaus nicht immer den komplexeren Verhältnissen der Realität entspricht.

Ein Preis ganz besonderer Art ist der Zinssatz; da er nicht in Geldeinheiten, sondern als Prozentsatz ausgedrückt wird, steigt er bei Geldentwertung nicht in gleicher Weise wie die Güterpreise; die Erwartung allgemein steigender Güterpreise kann aber nicht ohne Einfluß auf den Zinssatz bleiben, der das Austauschverhältnis zwischen Geldbeträgen angibt, die zu verschiedenen Zeitpunkten verfügbar sind. Über die Beziehungen zwischen Geldentwertung und Zinssatz gibt es eine einfache und sehr plausible Hypothese. Diese besagt, daß der Zinssatz bei Geldentwertung sich von dem bei stabilem Preisniveau immer gerade um die Preissteigerungsrate unterscheidet. Ist also r_0 der Zinssatz bei stabilem Preisniveau und p die Preissteigerungsrate, so gilt für r, den Zinssatz bei Geldentwertung, die Beziehung[3]:

$$r = r_0 + p\,.$$

[2] Vgl. u. S. 46.

[3] Der Zins und die Geldentwertungsrate werden hier und im folgenden stets als kontinuierliche Wachstumsraten verstanden; unter dieser Voraussetzung gilt die angegebene einfache additive Beziehung.

Diese Hypothese wurde von Irving Fisher formuliert und wird meist heute als Fisher-Hypothese bezeichnet und zitiert.

Die Fisher-Hypothese ist plausibel, wenn man von der Annahme ausgeht, daß Anbieter und Nachfrager auf dem Kapitalmarkt das Ausmaß der Geldentwertung voraussehen und sich bei ihren Dispositionen ausschließlich an der realen Kaufkraft des Geldes orientieren, also frei von Geldillusion sind. Diese Voraussetzungen sind allerdings nicht immer gegeben. Empirische Untersuchungen haben die Fisher-Hypothese nur mit Einschränkungen bestätigt[4]; zwar steigt der Zinssatz mit der Geldentwertungsrate, häufig jedoch nicht in gleichem Maße, so daß es als Folge der Geldentwertung zu einem Sinken des Realzinses kommt. Beobachtungen in Ländern mit hohen Geldentwertungsraten deuten darauf hin, daß die Fisher-Hypothese um so weniger zutrifft, je stärker die Geldentwertung ist; negative Realverzinsung ist häufig zu beobachten. Ob und inwieweit die Fisher-Hypothese zutrifft, ist für die finanzwirtschaftliche Planung einer Unternehmung bei Geldentwertung offensichtlich von entscheidender Bedeutung. Das wird aus der folgenden Analyse noch deutlicher werden.

Wenn die Geldentwertung den Zinssatz beeinflußt, so kann das wieder Rückwirkungen auf die Güterpreise haben. Viele Preise sind nämlich darauf abgestellt, daß der Käufer ein mehr oder weniger langes Zahlungsziel in Anspruch nimmt; bei kurzfristiger Zahlung wird ihm auf diesen Preis ein Skonto gewährt. Derartige Preise enthalten also außer dem eigentlichen Güterpreis einen Zinsbestandteil; unterscheidet man in diesem Sinne Brutto- und Nettopreise, so müßten bei Geltung der Fisher-Hypothese zwischen den Preisen von zwei aufeinander folgenden Perioden die nachstehenden Beziehungen gelten:

$$P_{B1} = P_{N1} \cdot e^{(r_0 + p_1) \cdot \tau}$$

$$P_{B2} = P_{N2} \cdot e^{(r_0 + p_2) \cdot \tau}$$

$$P_{N2} = P_{N1} \cdot e^{p_1}$$

Hieraus folgt für die Beziehungen zwischen den Bruttopreisen:

$$P_{B2} = P_{B1} \cdot e^{(p_2 - p_1) \cdot \tau + p_1} .$$

[4] Hierzu vor allem Siebke, Jürgen, und Willms, Manfred, Zinsniveau, Geldpolitik und Inflation, in: Kredit und Kapital, 5. Jg., 1972, S. 171–205; vgl. auch Swoboda, aaO. S. 682 mit weiteren Literaturhinweisen.

Hierin bedeutet:

P_{Bt} – Bruttopreis der Periode t ($t = 1{,}2$)
P_{Nt} – Nettopreis der Periode t ($t = 1{,}2$)
p_t – Preissteigerungsrate der Nettopreise ($t = 1{,}2$)
r_0 – Zinssatz ohne Geldentwertung (Realzins)
τ – Zahlungsziel.

Man sieht, daß der Bruttopreis nur dann im gleichen Maß wie der Nettopreis, d. h. mit der allgemeinen Inflationsrate, ansteigt, wenn $p_1 = p_2$ ist, wenn also die Preissteigerungsrate unverändert bleibt. Wenn die Geldentwertung sich beschleunigt, müßte der Bruttopreis in stärkerem Maße ansteigen als der Nettopreis, umgekehrt bei sinkender Inflationsrate in geringerem Maße.

Es ist nicht nachzuweisen, daß die Bruttopreise sich in dieser Weise verhalten, daß also Preise für Zielkäufe durchweg in stärkerem Maße auf die Inflation reagieren als Preise für Barkäufe. Wenn die Bruttopreise allerdings nicht so reagieren, folgt daraus, daß für Forderungen und Verbindlichkeiten aus Warenlieferungen und Leistungen die Fisher-Hypothese nicht gilt, daß also die Unternehmung, die derartige Forderungen hält, nicht mit einem Inflationsausgleich über die im Preis enthaltene Zinskomponente rechnen kann; es gilt aber auch, daß Verbindlichkeiten aus Warenlieferungen und Leistungen bei Inflation keinen Zinsaufwand erfordern, der eine Inflationsabgeltung enthält.

III. Der Einfluß der Geldentwertung auf die Zahlungsströme einer unverschuldeten Unternehmung

Die folgenden Überlegungen beziehen sich auf eine Modellunternehmung, für die kein reales Wachstum, aber auch keine Schrumpfung erwartet wird. Diese Unternehmung muß aus den erzielten Umsatzerlösen außer den laufenden Auszahlungen die Wiederbeschaffung der verbrauchten Vorräte und der ausscheidenden Anlagen decken. Für die Anlagen wird eine gleichmäßige Altersverteilung angenommen, die bewirkt, daß bei gleichbleibenden Preisen die Auszahlungen für Wiederbeschaffung stets genau mit den Abschreibungen übereinstimmen. Unter diesen Voraussetzungen stimmt der nach Vornahme aller Wiederbeschaffungen verbleibende Zahlungsüberschuß genau mit dem Gewinn überein, der der Unternehmung entzogen werden kann, ohne daß das reale Kapital gemindert wird.

Bei gleichbleibendem Preisniveau wird, da die Unternehmung sich nicht verändert, ein jährlicher Überschuß in Höhe von X erwartet. Ist r der Zinssatz, mit dem der Markt diesen potentiellen Ausschüttungsstrom diskontiert, so gilt für den Wert der Unternehmung:

$$W = \sum_{t=1}^{\infty} X \cdot e^{-r \cdot t} = \frac{X}{e^r - 1}.$$

Bei Geldentwertung steigen alle Preise mit der Rate p; dann steigen auch Umsatz, Wiederbeschaffungskosten für Vorräte und Anlagen und die sonstigen laufenden Auszahlungen im gleichen Maße, folglich auch der ausschüttbare Überschuß. Es gilt:

$$X_t = X_{t-1} \cdot e^p = X_0 \cdot e^{p \cdot t}.$$

Wenn man für den Abzinsungssatz des Marktes für unsichere Unternehmungserträge von der Fisher-Hypothese ausgeht, ergibt sich für den Wert der Unternehmung bei Geldentwertung:

$$W = \sum_{t=1}^{\infty} X_t \cdot e^{-(r+p) \cdot t} = \sum_{t=1}^{\infty} X_0 \cdot e^{p \cdot t} \cdot e^{-(r+p)t}$$

$$= \sum_{t=1}^{\infty} X_0 \cdot e^{-r \cdot t} = \frac{X_0}{e^r - 1}.$$

Hier ändert sich anscheinend durch die Geldentwertung überhaupt nichts; es wird ein Ausschüttungsstrom erzielt, der zwar nominal ansteigt, real aber unverändert bleibt gegenüber dem Fall gleichbleibenden Preisniveaus.

Dieses Modell stellt aber die Zusammenhänge zu einfach dar. Um der Wirklichkeit näher zu kommen, müssen zwei Effekte berücksichtigt werden, die den Zahlungsstrom bei Geldentwertung beeinträchtigen. Der erste Effekt beruht darauf, daß die Unternehmung gezwungen ist, Kassen- und Forderungsbestände zu halten, deren Wert nicht mit der Inflation steigt; der zweite Effekt ist durch die Besteuerung bedingt.

Zunächst sei der erste Effekt betrachtet[5]. Mit der Geldentwertung steigt bei gleichbleibendem realen Geschäftsvolumen der Bedarf an Transaktionskasse, außerdem der mit den üblichen Zahlungsbedingungen verbundene Bestand an Kundenforderungen. Dem steht ein ebenfalls steigender Bestand von Lieferantenverbindlichkeiten gegenüber. Wenn

[5] Vgl. hierzu Lintner, John, Inflation and Security Returns, in: The Journal of Finance, vol. 30, 1975, S. 259–280, insbes. S. 272–276, und Swoboda, Peter, aaO. S. 671.

die Unternehmung den Betrag X_t voll ausschüttet, ist sie nicht in der Lage, die erforderliche Erhöhung des Kassenbestandes vorzunehmen. Bei den Kundenforderungen kommt es darauf an, ob die im Bruttopreis enthaltene Zinskomponente gemäß der Fisher-Hypothese ansteigt; wenn dies der Fall ist, kann der zusätzliche Kapitalbedarf aus der im Zins enthaltenen Inflationsabgeltung bestritten werden. Damit ist aber im allgemeinen nicht zu rechnen, so daß die zusätzlich benötigten Mittel ebenfalls aus dem Überschuß X_t aufzubringen sind. Der zusätzliche Kapitalbedarf wird allerdings dadurch gemindert, daß bei gleichbleibenden Zahlungsbedingungen auch die Lieferantenverbindlichkeiten mit der Inflation ansteigen. Bezeichnet man den Bestand an Kasse und Kundenforderungen, vermindert um die Lieferantenverbindlichkeiten am Ende der Periode t mit N_t, so gilt bei Geldentwertung folgende Beziehung[6]:

$$N_t = N_{t-1} \cdot e^p = N_0 \cdot e^{p \cdot t} .$$

Hieraus ergibt sich der aus dem Zahlungsüberschuß X_t zu deckende Kapitalbedarf mit:

$$N_t - N_{t-1} = N_t \cdot (1 - e^{-p}) = N_0 \cdot e^{p \cdot t} \cdot (1 - e^{-p}) .$$

Der Effekt der Besteuerung ist komplizierter und hängt vor allem von der Art und Weise ab, wie die Gewinne der Unternehmung besteuert werden. Hier soll der einfache Fall angenommen werden, daß die Ge-

[6] Die hierin unterstellte proportionale Beziehung zwischen Kassenbestand und Preisniveau wurde in der Diskussion u. a. mit Hinweis auf die Wurzelformel der optimalen Lagerhaltung in Frage gestellt (vgl. u. S. 60). Hierzu sei angemerkt: Bezeichnet man den Umfang der Kassentransaktionen einer Periode mit U, die fixen Kosten einer Kassenauffüllung mit k und den kalkulatorischen Zinssatz mit r, so ergibt sich x, die optimale Losgröße für die Kassenauffüllung, aus der Formel (vgl. Baumol, William J., The Transactions Demand for Cash: An Inventory Theoretic Approach, in: Quarterly Journal of Economics, vol. 66, 1952, S. 545–556):

$$x = \sqrt{\frac{2 \cdot U \cdot k}{r}}$$

Bei Inflation wachsen M und k mit dem Inflationsfaktor $e^{p \cdot t}$; der kalkulatorische Zinssatz steigt, wenn die Fisher-Hypothese gilt, auf $r + p$. Es ergibt sich:

$$x = \sqrt{\frac{2 \cdot U \cdot e^{p \cdot t} \cdot k \cdot e^{p \cdot t}}{r + p}} = e^{p \cdot t} \cdot \sqrt{\frac{2 \cdot U \cdot k}{r + p}}$$

Das bedeutet: Wegen des höheren kalkulatorischen Zinssatzes ist die optimale Losgröße bei Inflation zunächst kleiner; sie steigt aber dann proportional zum Preisniveau; das gleiche gilt für den mittleren Kassenbestand.

winne der Unternehmung einer einheitlichen Einkommensteuer unterliegen, unabhängig davon, ob sie ausgeschüttet werden oder nicht. Das mit der Körperschaftssteuerreform von 1977 in Kraft getretene Anrechnungssystem kommt dieser Regelung nahe.

Bei der Bemessung der Einkommensteuer wird aber nicht der Überschuß X_t zugrundegelegt, der auf der Bewertung von verbrauchten Vorräten und Abschreibungen zu jeweiligen Preisen beruht. Vielmehr ist bei Bewertung verbrauchter Vorräte der tatsächlich früher gezahlte Anschaffungspreis anzusetzen, ebenso bei der Bemessung der Abschreibungen von den früher entstandenen Anschaffungskosten auszugehen. Die Differenz zwischen den so bemessenen Aufwendungen und den in die Berechnung des Überschusses X eingehenden Aufwendungen zu Tagespreisen ist ein Scheingewinn, der der Unternehmung nicht entzogen werden darf, wenn ein Schrumpfen des realen Kapitals vermieden werden soll. Dieser Scheingewinn wird aber nach geltendem Recht besteuert. Der Wert des Vorratsvermögens steigt bei Geldentwertung ständig an. Ist V_t das Vorratsvermögen am Ende der Periode t, so gilt:

$$V_t = V_{t-1} \cdot e^p = V_0 \cdot e^{p \cdot t}.$$

Für den zu versteuernden Scheingewinn erhält man folgenden Ausdruck:

$$V_t - V_{t-1} = V_t(1 - e^{-p}) = V_0 \cdot e^{p \cdot t}(1 - e^{-p}) .$$

Zur Berechnung des beim Anlagevermögens entstehenden Scheingewinns wird davon ausgegangen, daß die Anlagen eine Lebensdauer von T Perioden haben und daß in jeder Periode der T-te Teil davon zu ersetzen ist. Die dafür erforderliche Auszahlung in der Periode t wird mit A_t bezeichnet.

Es gilt:

$$A_t = A_{t-1} \cdot e^p = A_0 \cdot e^{p \cdot t} .$$

Bei linearer Abschreibung ist am Ende der Periode t folgender Abschreibungsbetrag anzusetzen:

$$\sum_{\tau=t-T}^{t-1} \frac{A_\tau}{T} = \sum_{\tau=t-T}^{t-1} \frac{A_0 \cdot e^{p \cdot \tau}}{T} = A_0 \cdot e^{p \cdot t} \cdot \frac{1 - e^{-p \cdot T}}{(e^p - 1) \cdot T}.$$

Daraus ergibt sich für den Scheingewinn:

$$A_t - A_0 \cdot e^{p \cdot t} \cdot \frac{1 - e^{-p \cdot T}}{(e^p - 1) \cdot T} = A_0 \cdot e^{p \cdot t}\left(1 - \frac{1 - e^{-p \cdot T}}{(e^p - 1) \cdot T}\right).$$

Nunmehr kann $\hat{X}_t$, der ohne reale Kapitaleinbuße ausschüttbare Betrag der Periode t ermittelt werden. Er beträgt bei Annahme des Steuersatzes s[7]:

$$\hat{X}_t = X_0 \cdot e^{p \cdot t}(1 - s) - N_0 \cdot e^{p \cdot t}(1 - e^{-p}) - s\left[V_0 \cdot e^{p \cdot t}(1 - e^{-p}) + A_0 \cdot e^{p \cdot t} \cdot \left(1 - \frac{1 - e^{-p \cdot T}}{(e^p - 1) \cdot T}\right)\right]$$

$$= \left[X_0 \cdot (1 - s) - N_0(1 - e^{-p}) - V_0 \cdot s(1 - e^{-p}) - A_0 \cdot s \cdot \left(1 - \frac{1 - e^{-p \cdot T}}{(e^p - 1) \cdot T}\right)\right] \cdot e^{p \cdot t}$$

$$= [X_0 \cdot (1 - s) - N_0 \cdot \alpha - V_0 \cdot \beta - A_0 \cdot \gamma] \cdot e^{p \cdot t} = \hat{X}_0 \cdot e^{p \cdot t} .$$

Wobei

$$\alpha = 1 - e^{-p} \qquad \beta = s(1 - e^{-p}) \qquad \gamma = s\left(1 - \frac{1 - e^{-p \cdot T}}{(e^p - 1) \cdot T}\right).$$

Die Größenordnungen, um die es hier geht, sind aus der folgenden Tabelle zu sehen, bei der für s der Wert 0,5 angenommen wurde.

p	α	β	γ $T = 5$	γ $T = 10$	γ $T = 15$
0,05	0,0488	0,0244	0,0686	0,1163	0,1570
0,1	0,0952	0,0476	0,1259	0,1995	0,2438
0,15	0,1393	0,0696	0,1740	0,2600	0,3157
0,2	0,1813	0,0906	0,2145	0,3047	0,3569

Geht man z. B. von den Werten $N_0 = 50$, $A_0 = 10$, $X_0 = 20$ und $T = 5$ aus, so ergibt sich für $\hat{X}_0$ folgendes:

p	0,05	0,1	0,15	0,2
$\hat{X}_0$	7,12	4,46	1,99	—0,30

[7] Vgl. hierzu auch die ähnlichen Ergebnisse von Swoboda, Peter, aaO., S. 670–675.

Offensichtlich besteht auch bei günstigen Ertragsverhältnissen, die in einem relativ hohen Wert für X_0 zum Ausdruck kommen, die Gefahr, daß $\hat{X}_0$ negativ wird. Ein negatives $\hat{X}_0$ aber würde bedeuten, daß das reale Kapital der Unternehmung nur unter ständiger neuer Kapitalzufuhr erhalten werden kann; es ist kaum anzunehmen, daß dazu ein Kapitalgeber bereit sein wird. Das bedeutet aber dann, daß Reinvestitionen unterlassen werden müssen, daß die Unternehmung also schrumpft und schließlich ganz liquidiert werden muß.

Wenn X_0 von der Geldentwertung unberührt bleibt, der Überschuß X_t also gerade nur mit der Inflationsrate anwächst, ist bei steigender Inflationsrate nicht zu vermeiden, daß schließlich $\hat{X}_0$ negativ wird.

Es gibt verschiedene Möglichkeiten, diesen Effekt zu vermeiden:

1. Wenn es gelingt, die Verkaufspreise in stärkerem Maße anzuheben als die Faktorpreise, wird X_0 mit der Inflationsrate größer. Wenn kein anderer Ausweg eröffnet wird, muß sich dieser Effekt einstellen, da die Unterlassung von Reinvestitionen solange zu einem Angebotsrückgang führt, bis die höheren Preise auch auf dem Markt durchgesetzt werden können. Das würde zur Folge haben, daß Produktpreise als Folge der Inflation stärker ansteigen müßten als Faktorpreise. Die Annahme gleichmäßigen Ansteigens aller Preise wäre nicht mehr haltbar.

2. Man könnte versuchen, die Finanzierungslücken, zu denen die Geldentwertung führt, durch Fremdfinanzierung zu füllen. Das ist allerdings, wie noch zu zeigen sein wird, nur dann möglich, wenn sich ein Kreditgeber findet, der bereit ist, eine negative Realverzinsung zu akzeptieren. Das könnte ein staatlich kontrolliertes Bankensystem sein.

3. Ein dritter Ausweg bestünde in einer Änderung des Steuersystems; Scheingewinne müßten von der Besteuerung ausgenommen werden. Diese Lösung ist einfach und beseitigt einen wesentlichen Teil der durch die Geldentwertung bedingten Verzerrungen; sie stößt aber auch auf politische Schwierigkeiten. Geldwertstabilität ist als wirtschaftspolitisches Ziel von hohem Rang anerkannt; man scheut sich daher, ein Besteuerungssystem einzuführen, das damit zu begründen wäre, daß dieses Ziel nicht erreicht werden kann.

Ein aufschlußreicher Einblick ergibt sich noch, wenn man die Frage nach dem Zinssatz stellt, mit dem der Markt die zu erwartenden Ausschüttungen der Unternehmung diskontiert. Bezeichnet man diesen Zinssatz mit r, so ergibt sich für den Marktwert der Unternehmung:

$$W = \sum_{t=1}^{\infty} \hat{X}_t \cdot e^{-r \cdot t} = \sum_{t=1}^{\infty} \hat{X}_0 \cdot e^{p \cdot t} \cdot e^{-r \cdot t} = \sum_{t=1}^{\infty} \hat{X}_0 \cdot e^{(p-r) \cdot t} .$$

Diese geometrische Reihe hat nur dann einen endlichen Wert, wenn $p < r$ ist. Dies ist überraschend, weil r zugleich die von den Inhabern der Unternehmungsanteile erzielte Rendite ist, und zwar, da $\hat{X}_t$ den Gewinn nach Steuern darstellt, die Rendite nach Steuern, die somit immer größer sein muß als die Inflationsrate p; man hat also immer eine positive reale Rendite.

Dies ist ein überraschendes Ergebnis, weil die reale Verzinsung nach Steuern bei festverzinslichen Anlagen auch bei Geltung der Fisher-Hypothese keineswegs immer positiv ist. Sie beträgt nämlich:

$$(r_0 + p) \cdot (1 - s) = p + r_0(1 - s) - p \cdot s .$$

Ist $p \cdot s > r_0(1 - s)$, so wird die Realverzinsung nach Steuern negativ. Bei der Rendite von Unternehmungsanteilen kann dieser Fall offenbar nicht eintreten. Wenn es hier überhaupt gelingt, ein positives $\hat{X}_t$, einen ausschüttbaren Überschuß also, zu erzielen, so muß sich auch eine Rendite einstellen, die nach Steuern noch größer ist als die Inflationsrate. Es kommt also entweder zu einer Situation, in der die Fortführung der Unternehmung in Frage gestellt ist, wenn nämlich $\hat{X}_t$ negativ wird, oder es ist eine zumindest positive reale Rendite nach Steuern erreichbar.

Dieses Ergebnis ist im Grunde nicht überraschend. Während bei festverzinslichen Anlagen durchaus denkbar ist, daß die Kapitalanleger auch auf längere Sicht negative Realverzinsung hinnehmen, sei es weil sie es nicht bemerken, sei es weil sie auf Sparen angewiesen sind und keine Alternative sehen, bedeutet in der Unternehmung ein negativer Wert für $\hat{X}_t$, daß Ersatzinvestitionen unterbleiben und die Unternehmung auf die Dauer zusammenbricht.

Die Feststellung, daß die reale Rendite nach Steuern für Unternehmungsanteile bei Geldentwertung positiv ist, deutet darauf hin, daß eine Kapitalanlage in Unternehmungsanteilen zumindest zur Erhaltung des realen Kapitals führt, wenn man mit einer staatlichen Wirtschafts- und Finanzpolitik rechnen kann, die Schrumpfung und Zusammenbrüche von Unternehmungen zu vermeiden trachtet. Allerdings ist nicht ausgeschlossen, daß es bei unerwartetem Übergang von Geldwertstabilität zu Inflation oder bei Verstärkung der Inflation zu erheblichen

Kursverlusten infolge des Absinkens der ausschüttbaren Überschüsse kommt; in der Folge ist dann zwar wieder eine günstige Rendite erzielbar, aber nur auf der Basis des abgesunkenen Kursniveaus.

IV. Auswirkungen der Fremdfinanzierung

Die bisherigen Überlegungen bezogen sich auf die unverschuldete Unternehmung. Damit entsteht die Frage, ob die Gefahren der Geldentwertung für die Unternehmung durch Fremdfinanzierung nicht wesentlich abgemildert werden, ob sich hieraus nicht sogar noch ergibt, daß die Inflation der Unternehmung und ihren Anteilseignern überwiegend Vorteile bringt. Die Auffassung, daß Unternehmungen, die als Kredit aufgenommenes Kapital in Sachgütern anlegen, die eigentlichen Nutznießer der Inflation sind, während ihre Gläubiger den Schaden tragen, ist weit verbreitet. Diese Auffassung scheint Bestätigung zu finden durch die Erfahrungen von zwei Inflationen und zwei Währungsreformen. Allerdings erscheint fraglich, ob eine Verallgemeinerung dieser Erfahrungen zulässig ist. In beiden Fällen handelte es sich um Geldentwertungsvorgänge, die durch außergewöhnliche politische Vorgänge bedingt waren und in diesem Zusammenhang nicht erwartet und antizipiert werden konnte. Hinzu kommt, daß in beiden Fällen die Währungsreform in einer Weise durchgeführt wurde, die sich nachträglich für die Unternehmungen und ihre Anteilseigner als günstig, für die Gläubiger hingegen als ungünstig erwies; das war eine politische Entscheidung, die auch anders hätte ausfallen können.

Jedenfalls erscheint es nicht ohne weiteres gerechtfertigt, anzunehmen, daß eine langfristige und antizipierbare Geldentwertung zwangsläufig zu Lasten der Gläubiger wirkt. Ob und inwieweit dies der Fall ist, hängt vielmehr vor allem davon ab, wie sich die Inflationserwartung im Zinssatz niederschlägt.

Zunächst sei betrachtet, wie sich die Fremdfinanzierung auf die Zahlungsströme der Unternehmung auswirkt. Hierbei wird angenommen, daß das Ausmaß der realen Verschuldung unverändert bleibt. Daraus folgt für F_t, die Höhe des Fremdkapitals am Ende der Periode t:

$$F_t = F_{t-1} \cdot e^p = F_0 \cdot e^{p \cdot t} .$$

Die Unternehmung kann also in der Periode t neues Fremdkapital in folgender Höhe aufnehmen:

$$F_t - F_{t-1} = F_0 \cdot e^{p \cdot t} - F_0 \cdot e^{p \cdot (t-1)} = F_0 \cdot e^{p \cdot t}(1 - e^{-p}) .$$

Dies ist zugleich der Betrag, den der Gläubiger investieren muß, wenn er den realen Wert seines angelegten Kapitals erhalten will.

Am Ende der Periode t sind weiter Zinsen auf F_{t-1}, das am Anfang der Periode bereits vorhandene Fremdkapital zu zahlen; r_F sei der Zinssatz:

$$F_{t-1} \cdot (e^{r_F} - 1) = F_0 \cdot e^{p \cdot t}(e^{r_F - p} - e^{-p}) .$$

Die tatsächliche Belastung der Unternehmung ist aber geringer, weil die Zinsen steuerlich absetzbar sind. Somit ergibt sich bei Berücksichtigung der Fremdfinanzierung folgender Zahlungsstrom nach Steuern und Zinsen:

$$\begin{aligned} \tilde{X}_t &= [\hat{X}_0 - (1 - s) \cdot F_0(e^{r_F - p} - e^{-p}) + F_0(1 - e^{-p})] \cdot e^{p \cdot t} \\ &= \left[\hat{X}_0 - F_0 \cdot [(e^{r_F - p} - 1) - s(e^{r_F - p} - e^{-p})]\right] \cdot e^{p \cdot t} \\ &= (\hat{X}_0 - F_0 \cdot \varphi) \cdot e^{p \cdot t} . \end{aligned}$$

Der Faktor φ kann negativ werden, dann nämlich, wenn

$$(1 - s) \cdot (e^{r_F - p} - e^{-p}) < 1 - e^{-p}$$

oder $(1 - s) \cdot (e^{r_F} - 1) < e^p - 1$ gilt, wenn also der Zinsertrag des Gläubigers nach Steuern kleiner ist als der zur realen Kapitalerhaltung erforderliche nominale Zuwachsbetrag; bei negativer Realverzinsung nach Steuern für die Gläubiger wird also tatsächlich der für die Anteilseigner erreichbare Ausschüttungsbetrag $\tilde{X}_t$ vergrößert; die Gefahr, daß dieser Betrag negativ wird, wird abgemildert. Allerdings müssen hierzu sehr weitgehende Voraussetzungen erfüllt sein; es genügt nicht, daß eine bestehende Verschuldung mit einer negativen Realverzinsung nach Steuern weitergeführt wird; vielmehr müssen sich auch noch Gläubiger finden, die ständig zusätzliche Mittel zu diesen ungünstigen Bedingungen zur Verfügung stellen.

Zunächst wäre zu prüfen, inwieweit derartige Bedingungen mit einem Marktgleichgewicht auf dem Kapitalmarkt vereinbar sein können. Bei einem Marktgleichgewicht ist der Gesamtwert der Unternehmung als Summe aus Fremdkapital und Marktwert aller Eigenkapitalanteile unabhängig von der Verschuldung; ersetzt man also Eigen- durch Fremdkapital, so sinkt der Wert der Eigenkapitalanteile genau um den Fremdkapitalbetrag. Dieser Zusammenhang ist erstmals 1958 von Modigliani und Miller bewiesen worden; er läßt sich auch aus der umfassenden Kapitalmarkttheorie ableiten, deren Entwicklung mit den Namen Sharpe, Lintner und Mossin verbunden ist. Es ist nachgewiesen worden, daß der Satz von Modigliani und Miller auch bei Geldentwertung gilt, insbesondere auch dann, wenn die Inflationsrate eine ungewisse Zukunftsgröße ist[8]. Auch die Einführung einer Einkommensteuer, die Gewinne und Zinsen in gleichem Maße trifft, ändert nichts an diesem Ergebnis.

Der Gesamtwert der Unternehmung, d. h. der Barwert des Zahlungsstroms $\hat{X}_t$ ist nach dieser theoretischen Konzeption unabhängig vom Verschuldungsgrad. Der Wert der Beteiligungstitel, d. h. der Barwert des Zahlungsstroms $\tilde{X}_t$ ist stets um den Betrag des Fremdkapitals, F_t also, kleiner. Auch wenn man berücksichtigt, daß $\tilde{X}_t$ wegen des größeren Risikos mit einem höheren Kapitalisierungssatz diskontiert wird als $\hat{X}_t$, ist ausgeschlossen, daß $\tilde{X}_t$ positiv ist, wenn $\hat{X}_t$ kleiner als 0 ist; auch bei negativem Wert von φ kann also aus einem negativen Gesamtüberschuß $\hat{X}_t$ kein positiver Überschuß $\tilde{X}_t$ für die Anteilseigner resultieren, jedenfalls nicht unter den Bedingungen eines Marktgleichgewichts. Die große Gefahr für die Unternehmung, die darin liegt, daß die reale Kapitalerhaltung bei Inflation nicht mehr gelingt, kann also unter Marktgleichgewichtsbedingungen nicht durch Fremdfinanzierung abgewandt werden.

Es sind allerdings durchaus Bedingungen denkbar, die zu Abweichungen vom Marktgleichgewicht führen und damit einen vorteilhaften Einsatz der Fremdfinanzierung zur Abwehr der Gefahr realer Kapitalverluste ermöglichen:

1. Wenn vor Einsetzen einer nicht oder nicht in diesem Ausmaß erwarteten Geldentwertung langfristige Verbindlichkeiten eingegangen sind, wird der Zins dafür auf lange Zeit unter dem Marktzins liegen; nur die Neuverschuldung muß zum Marktzins erfolgen.
2. Es kann Kapitalanleger geben, die nicht rational im Sinne der Kapitalmarkttheorie handeln, sondern ihre Ersparnisse grundsätzlich nur festverzinslich anlegen, weil sie entweder das Risiko anderer Anlagen scheuen oder überhaupt einer Geldillusion unterliegen. Diese Kapitalanleger werden sich dann auch mit Zinssätzen abfinden, die nicht dem theoretischen Marktgleichgewicht entsprechen.
3. Der Staat kann in den Markt eingreifen, etwa durch Kredite mit niedrigen Zinsen, die direkt oder durch staatlich kontrollierte Banken vergeben werden, aber auch indirekt z. B. durch Sparförderung und durch steuerliche Begünstigung von Zinserträgen.

[8] Hagerman, Robert L., and E. Han Kim, Capital Asset Pricing with Price Level Changes, in: Journal of Financial and Quantitative Analysis, vol. 11, 1976, S. 381–391.

V. Zusammenfassung der Ergebnisse

Die hier entwickelte Analyse bezieht sich auf einen sehr speziellen und einfachen Modellfall. Doch lassen sich auch daraus schon einige Schlußfolgerungen für die finanzwirtschaftliche Planung der Unternehmung bei Geldentwertung ziehen.

Wesentlich ist vor allem die Einsicht, daß es nicht genügt, die Inflation der Faktorpreise auf die Verkaufspreise zu überwälzen, um die von der Geldentwertung drohenden Gefahren abzuwenden. Vielmehr ist die reale Kapitalerhaltung auch dann in Frage gestellt, wenn die Überwälzung in vollem Umfang gelingt. Die Gefährdung ergibt sich zum einen aus der Notwendigkeit, Kasse und anderes Geldvermögen, das keine Verzinsung mit Inflationsausgleich erbringt, zu halten; zum anderen ist sie eine Folge der gebräuchlichen Form der Gewinnbesteuerung. Die finanzwirtschaftliche Planung muß sich auf diese Gefahren der Inflation einstellen und Gegenstrategien entwickeln. Ein weiteres Ergebnis der Analyse ist, daß die verbreitete Auffassung, eine Unternehmung könne sich bei Geldentwertung durch Fremdfinanzierung besondere Vorteile verschaffen und somit durch hohe Verschuldung Gefahren der Inflation abwenden, in dieser allgemeinen Form keineswegs richtig ist. Nur wenn ein eindeutiges Marktungleichgewicht besteht, kann es gelingen, einen ins Negative umschlagenden Zahlungsstrom durch Fremdfinanzierung zu kompensieren. Nur unter sehr speziellen Bedingungen können auf die Dauer Marktungleichgewichte bestehen bleiben, die der Unternehmung gestatten, sich bei Geldentwertung durch Fremdfinanzierung Vorteile zu verschaffen. Natürlich ist damit nicht ausgeschlossen, daß eine Unternehmung sehr vorteilhaft abschneidet, wenn sie zu einem Zeitpunkt Fremdkapital aufgenommen hat, in dem das Ausmaß der Geldentwertung noch nicht vorhersehbar war; diese Erkenntnis ist aber für die finanzwirtschaftliche Planung nicht von Nutzen, es sei denn, eine Unternehmung sei früher als andere in der Lage, eine kommende Geldentwertung vorherzusehen. Jedenfalls bedarf es im Einzelfall sehr sorgfältiger Prüfung, ob die Vorteile der Fremdfinanzierung bei erwarteter Geldentwertung so groß sind, daß sie die Erhöhung des mit der Verschuldung zwangsläufig verbundenen Liquiditätsrisikos rechtfertigen.

Summary

The paper deals with the problem, how the profits of a firm are influenced by inflation; some conclusions are drawn for the firm's investment and financing policy. Profit is defined as the part of cash flow which may be distributed to owners without impairing the firm's real capital. For a firm with a positive profit stream under constant prices it is shown that inflation may cause negative profits, even if all prices rise with the same rate. This means that it is not sufficient for the preservation of real capital if rises in factor prices result in proportional rises of sales prices. This ist due to two effects: The first effect is caused by the necessity to hold cash and other monetary assets for current transactions; the growth of these assets, which is roughly proportional to the price level, has to be financed out of the cash flow thus reducing profit. The second effect is due to taxation; accounting profits are calculated on the basis of historical prices for inventories and depreciation. Financial planning must take into consideration the effects of inflation and try to find counter-strategies.

Further the analysis permits some conclusions on the value of the firm and the rate of return on shares. It is shown, that the rate of return on shares will be higher than the rate of inflation (i. e. the real rate of return will be positive), if the firm is successful in preserving its real capital and maintaining a positive profit stream.

In a last section the influence of debt financing is analysed. There is a widespread opinion that under inflation debt is profitable for firms and their owners. It is shown that this is only true, if inflation has not or not sufficiently been anticipated. If inflation is anticipated debt is only profitable for firms if certain market imperfections are given. Unless this is the case it is unlikely that the risk of real capital losses as a consequence of inflation can be avoided by debt financing.

Diskussion

Herr Albach: Sie haben Ihre Ergebnisse mit einem Modell erzielt, das die Unabhängigkeit von p und x voraussetzte. Es ist schwierig, sich jetzt in der Diskussion zu fragen, was wäre, wenn Sie diese Annahme, die Sie dann in den Überlegungen zur Preispolitik des Unternehmens selbst aufgegeben haben, von vornherein nicht in das Modell hineingenommen hätten. Dies vorweg zu der Problematik, vor der man steht, wenn man die aus den Voraussetzungen sehr zwingend folgenden Ergebnisse diskutieren will.

Lassen Sie mich auf vier Punkte hinweisen: Folgt nicht zwingend, daß die Produktpreise stärker steigen müssen als die Faktorpreise dann, wenn Sie den technischen Fortschritt in das Modell einbeziehen?

Meine zweite Frage: Sie haben Ihre Ergebnisse unter der sicher rechnerisch sinnvollen Annahme von linearen Abschreibungen abgeleitet. Tatsächlich sind aber steuerlich degressive Abschreibungen zulässig, und dadurch ist natürlich die Differenz, die Sie in Ihrem Faktor β berechnet haben, viel größer, als es unter Ansehung des wirklichen Steuersystems der Fall wäre.

Sie haben drittens, um beim Steuersystem zu bleiben, beim Vorratsvermögen unterstellt, daß das fifo-Prinzip angewandt wird. Tatsächlich wird aber das Lifo-Prinzip angewandt. Eine Inflationsbereinigung der Bilanzen in der Bonner Stichprobe hat gezeigt, daß in den Vorräten nicht viel Musik drinsteckt. Es bleibt das Sachanlagevermögen, und da wird der Effekt etwas durch die degressive Abschreibung gemildert.

Ich würde gerne noch auf einen vierten Punkt hinweisen. Die Finanzierung der Kassenhaltung ist bei Ihnen im wesentlichen auf die nominale Steigerung des working capital ausgerichtet. Unterstellt man, daß die Unternehmen das Prinzip der Wertgleichheit der Finanzen nach Fritz Schmidt befolgen und die Verbindlichkeiten in gleicher Höhe wie die Forderungen halten, ist die nominale Steigerung des working capital identisch mit der nominalen Steigerung der Kasse. Hier sehe ich eine Beziehung zwischen Inflation und Konzentration.

Meine These lautet, daß in der Inflation die Unternehmen zur Konzentration auch deshalb gezwungen werden, weil sie so die Probleme der Kassenfinanzierung leichter lösen können. Man kann zeigen, daß bei Konzentration die Kassenhaltung pro DM Umsatz sinkt, da die Unternehmen zu einem Liquiditätsclearing übergehen, so daß wir da einen Ausweicheffekt haben, der sicherlich nicht gewollt, aber in der Empirie beobachtbar ist.

Herr Hax: Der erste Hinweis bezieht sich auf den technischen Fortschritt. Technischer Fortschritt bedingt eine Änderung der relativen Preise; bei Inflation steigen die Produktpreise nicht in gleichem Maße an wie die Faktorpreise. Das steht im Widerspruch zu den Modellannahmen. Wenn man isoliert den Effekt der Inflation betrachtet, stellt sich die Frage, ob die mit dem technischen Fortschritt verbundenen Preisverschiebungen unabhängig von der Inflation eintreten oder teilweise damit zusammenhängen. Denkbar wäre, daß der technische Fortschritt gerade dadurch gefördert wird, daß die Inflation die Überschüsse der Unternehmungen dahinschwinden läßt und dadurch Druck zur Rationalisierung erzeugt; allerdings werden bei fortschreitender Inflation von einem gewissen Punkt an die Rationalisierungsreserven erschöpft sein.

Zur Abschreibungsmethode: Es ist richtig, daß der im Modell beschriebene Effekt durch degressive Abschreibung abgeschwächt wird. Die Berechnungen können hier noch ergänzt werden. Allerdings darf dieser Effekt nicht überschätzt werden, da die degressive Abschreibung nur in beschränktem Maße steuerlich zulässig ist.

Hinsichtlich des Vorratsvermögens lassen die Einkommenssteuerrichtlinien die Lifo-Bewertung nur zu, wenn nachgewiesen wird, daß dies der tatsächlichen Verbrauchsfolge entspricht. Das ist meistens nicht der Fall. Die in den Richtlinien vorgeschriebene Durchschnittsbewertung kommt bei hoher Umschlagshäufigkeit der im Modell angenommenen Fifo-Bewertung sehr nahe. Fifo-Bewertung ergibt sich auch in der Regel bei getrennter Lagerung und Bewertung einzelner Einkäufe, da meist die ältesten Vorräte zuerst verbraucht werden.

Was das working capital anbetrifft, so wird die Befolgung des Prinzips der Wertgleichheit im Sinne von Fritz Schmidt nicht immer möglich sein. Es geht hier nur um solche Forderungen und Verbindlichkeiten, bei denen nicht mit einem Inflationsausgleich über den Zins zu rechnen ist. Das sind vor allem die Forderungen und Verbindlichkeiten aus Warenlieferungen und Leistungen. Da hinsichtlich dieser Kreditbeziehungen der private Bereich insgesamt eher Schuldner als Gläubiger sein dürfte, ist bei den Unternehmungen tendenziell eher ein Überhang der Forderungen zu erwarten.

Im übrigen ist gut vorstellbar, daß die Inflation den Anlaß zu Rationalisierungsmaßnahmen auch im Bereich von Kassenhaltung und Zahlungsverkehr gibt. Hier gelten die gleichen Überlegungen wie hinsichtlich des technischen Fortschritts. Bei fortschreitender Inflation wird allerdings auch diese Rationalisierungsreserve einmal erschöpft.

Herr Albach: Wo müßte ich das p in concreto ablesen, wenn ich die Unterscheidung, die für Sie fundamental ist, zwischen relativen Preisveränderungen und Inflation empirisch überprüfen wollte? Im Statistischen Jahrbuch ist das ja wohl alles mit Produktivitätsfortschritten vermengt.

Herr Hax: Da die zu bewertenden Zahlungsströme letztlich immer dem Konsum dienen, ist der Index der Verbraucherpreise maßgeblich. Daß andere Indizes sich anders verhalten, ist eine Folge relativer Preisverschiebungen.

Herr Fettweis: Ihrem Modell liegt eine Annahme zugrunde, die wir als Ingenieurwissenschaftler als einen stationären oder eingeschwungenen Zustand bezeichnen würden. Obgleich ich weiß, daß dies in unseren Bereichen auch zu Schwierigkeiten führen kann, verstehe ich, warum Sie Ihre Annahme machen, da Sie dann nämlich mit relativ einfachen mathematischen Mitteln zurechtkommen. Andererseits glaube ich aber, daß Sie dadurch von der wirtschaftlichen Realität doch ziemlich weit entfernt sein können. Ich würde vermuten, daß solche Dinge doch gerade in der Wirtschaft keineswegs stationär sind.

Die Vereinfachung ist also durchaus gerechtfertigt, um einen ersten Einblick zu gewinnen. Gefährlich scheint mir aber, daß Sie aus daran anschließenden Konvergenzbetrachtungen gewisse Schlußfolgerungen ziehen. Sie haben zum Beispiel gesagt, daß eine gewisse Reihe, wenn Sie t unendlich nehmen, einfach aus der wirtschaftlichen Realität heraus konvergent sein muß. Und aus dieser Forderung haben Sie sogar Schlußfolgerungen bezüglich der numerischen Werte gewisser Größen gezogen.

Nun würde ich aber meinen, daß diese Extrapolation auf t nach unendlich hin eben nicht mehr der Realität entspricht. Man darf diese Extrapolation daher nicht als etwas Reales annehmen und daraus etwa solche Schlußfolgerungen ziehen. Eine entsprechende Überlegung würde in unseren Bereichen zu Fehlschlüssen führen können, vor allem wenn Sie aus den Größenordnungen, die Sie daraus herleiten, nicht nur auf den eingeschwungenen Zustand, sondern z. B. auf das dynamische Verhalten beim Einschwingvorgang oder bei sich ständig ändernden Bedingungen schließen würden.

Herr Hax: Die Überlegungen beziehen sich weniger auf die tatsächliche Entwicklung der Unternehmung als auf die in einem bestimmten Zeitpunkt gegebenen Erwartungen, die der Bewertung zugrundeliegen. Die in diesem Zusammenhang häufige Annahme einer unendlichen Zahlungsreihe wird nicht gemacht, weil man dies für eine zutreffende Prognose hält, sondern weil man keine Anhaltspunkte dafür hat, wann und in welcher Richtung es zu Abweichungen von diesem Verlauf kommen wird. Die Annahme einer exponentiell steigenden Zahlungsreihe ist weniger unrealistisch als es scheinen mag, da es sich um ein rein nominelles Ansteigen handelt. Ein reales exponentielles Wachstum müßte irgendwann an Grenzen stoßen; ein rein nominelles Wachstum ist jedoch unbegrenzt vorstellbar.

Herr Gabisch: Sie haben in Ihrem Modell ein unter wachstumstheoretischen Gesichtspunkten sehr interessantes Resultat für den ausschüttbaren Betrag abgeleitet, und zwar haben Sie gezeigt, daß das Niveau des Wachstumspfades auch von der Wachstumsrate abhängig ist. Da besteht eine inverse Relation: Je größer die Wachstumsrate, in diesem Fall die Inflationsrate, desto geringer das Niveau.

Das könnte ein Ergebnis haben, das sicherlich für die Ausschüttungspolitik einer Unternehmung relevant sein könnte. Angenommen, man hat sich an eine bestimmte Inflationsrate gewöhnt, die plötzlich ansteigt. Dann muß durch den Anstieg von p das Niveau sinken. Wir erleben also einen Einbruch. Nun kommt es darauf an, wie stark die Niveausenkung ist, die daraus resultiert. Wenn sie sehr stark ist, kann es hinterher außerordentlich lange dauern, bis auch nur der alte Ausschüttungsbetrag wieder erreicht werden kann. Es wäre also vielleicht eine Art Sensitivitätsanalyse des Niveaus in bezug auf die Wachstumsrate wichtig. Man kann das ja auch in Form von Elastizitäten bringen.

Meine Frage ist: Haben Sie schon einmal überprüft, wie stark das Niveau reagiert?

Herr Albach: Ich habe die Frage von Herrn Gabisch wie folgt verstanden: Er fragt, wieviel Jahre es dauert, wenn eine Veränderung von p unterstellt wird, bis das X_t plus τ wieder das Niveau hätte, das es gehabt hat, als die Veränderung eintrat.

Herr Hax: Diese Fragestellung setzt voraus, daß auf ein Stadium mit stabilen Preisen unvermittelt und unerwartet eine inflationäre Entwicklung folgt. Der im Modell beschriebene Prozeß setzt nicht sofort in vollem Umfang ein, weil die Abschreibungseffekte noch aus dem vorinflationären Stadium nachwirken; es gibt also ein Übergangsstadium. Von Interesse wäre in diesem Falle nicht nur die Entwicklung der möglichen Ausschüttungen, sondern auch die der Aktienkurse. Die offene Frage ist hierbei, wie die Aktienrendite durch die Inflation verändert wird.

Herr Gabisch: Vielleicht kann ich es an der Tafel einmal ganz kurz graphisch darstellen:

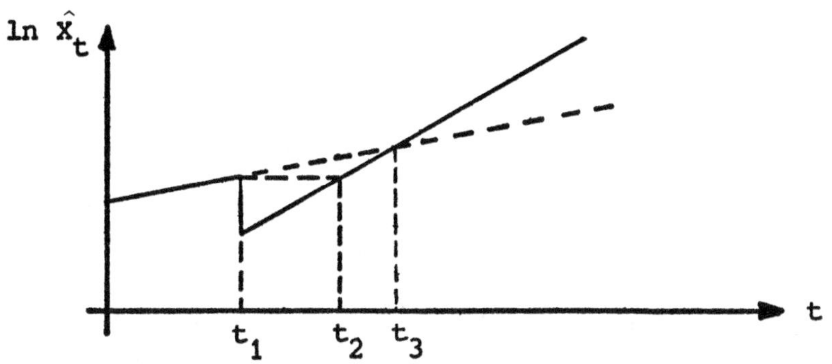

Bei halblogarithmischer Darstellung ist jeder Wachstumspfad als Gerade darstellbar, und jedem Anstieg einer Geraden ist hier wegen dieser Interdependenz ein bestimmtes Niveau zugeordnet. Beispielsweise soll die Ausschüttung wie hier gezeichnet bis zum Zeitpunkt t_1 wachsen. Angenommen zu diesem Zeitpunkt wird sich die Inflationsrate erhöhen, dann muß wegen des inversen Zusammenhangs das Niveau sinken, und wir erleben hier einen Einbruch. Nun kommt es ja sehr auf die Sensitivität an: Ist der Einbruch groß oder klein? Es könnte ja sein, daß der Einbruch groß ist und der neue Wachstumspfad ab hier einen größeren Anstieg hat. Dann fängt die neue Gerade hier unten mit einem etwas höheren Anstieg an. Aber der Einbruch braucht ja unter Umständen nur sehr gering zu sein. Dann dauert es immerhin bis t_2, bis man auch nur das alte Niveau wieder erreicht hat, und das kann unter Umständen – aber das muß dann eben die Modelluntersuchung bringen – ein sehr langer Zeitraum sein. Ein noch viel längerer Zeitraum, nämlich bis t_3, würde für die Ausschüttung folgen, bis daß man jenes Niveau erreichte, das man bei der alten Inflationsrate in jedem Fall auch erreicht hätte. Erst ab diesem Zeitpunkt liegt die Ausschüttung sogar noch darüber.

Deshalb meine Frage: Wie sensitiv ist dieser Einbruch hier? Wie stark geht das da nach unten?

Herr Krelle: Was Sie vorgetragen haben ist, soweit ich sehe, eigentlich das betriebswirtschaftliche Pendant zu der Patinkin-Kontroverse auf volkswirtschaftlichem Gebiet, nämlich der Inkonsistenz von reinem neoklassischen gesamtwirtschaftlichen Gleichgewichtssystem und der Fisherschen Verkehrsgleichung.

Wenn Inflation besteht und die Güterpreise proportional steigen, dann gibt es einen real balance Effekt: Das Nettogeldvermögen der Firma muß wegen der höheren Transaktionskasse ebenfalls steigen, wenn auch vielleicht nicht proportional.

Wenn das Geldvermögen bei Inflation bei allen Firmen steigt, dann heißt das doch, daß die Ausgaben aller Unternehmen für Faktorentlohnungen kleiner sind als ihre Einnahmen aus dem Verkauf ihrer Produkte: Ein Teil der Einnahmen der Firmen muß in Form von zusätzlicher Kassenhaltung zurückbehalten werden.

Damit die ganze Wirtschaft bei Inflation laufen kann, muß also bei konstanter Umlaufgeschwindigkeit des Geldes nicht nur das zusätzliche Geld, das notwendig ist, um die Umsätze zu tätigen, und das sich in den Kassen der Haushalte und Banken befindet, geschaffen werden, sondern auch die Geldmittel, die notwendig sind, um die Kassenhaltung der Firmen entsprechend aufzustocken.

Die Geldmengenvermehrung, die bei konstanter Umlaufgeschwindigkeit und konstanter Produktion die Inflation ermöglicht, wird eben nicht nur „benutzt" zur Erhöhung des Preisniveaus, sondern dient genauso zur Aufstockung aller Kassen.

Nun kann man fragen, wie das betriebswirtschaftlich geschieht und wie die Kassenhaltung nicht durch Kreditgewährung der Banken ausgeweitet wird. Wenn alle Güterpreise proportional steigen, so können die Löhne und die ausgezahlten Gewinne nicht in dem Maße steigen wie die Güterpreise. Die Differenz wird dann in der Kassenhaltung aufgefangen.

In diesem Fall würden auch keine direkten Zinskosten entstehen. Andernfalls müßte die zusätzliche Kassenhaltung, die für die Unternehmen in der Inflation technisch notwendig ist, verzinst werden.

Zu einem Punkt, den Herr Fettweis vorher angesprochen hat: Ich glaube nicht, daß der Schluß richtig ist, eine ökonomische Reihe müsse einfach konvergieren, weil nichts auf der Welt unendlich sei. Warum soll Marktwert nicht unendlich sein? Das St. Petersburg-Paradox bei einem bestimmten Glücksspiel besteht eben darin, daß der Wert dieses Spiels unendlich ist. Man kann leicht Fälle konstruieren, bei denen der auf die Gegenwart diskontierte Wert einer wirtschaftlichen Reihe unendlich ist. Nehmen Sie z. B. an, die Wachstumsrate des Sozialprodukts und des Konsums sei größer als der Zinssatz. Der Zinssatz wird als Diskontsatz für die Zukunft angesehen. Aber selbst wenn man das nicht will: Es gibt ernst zu nehmende Ökonomen, die meinen, man dürfe gesamtwirtschaftlich die Zukunft überhaupt nicht abdiskontieren, weil uns die nächste Generation genauso lieb sein muß wie die jetzige Generation. Dann bekommen wir natürlich einen unendlichen Gegenwartswert für das Sozialprodukt oder die Kassen. Wir können zwar mit diesen Integralen dann nicht rechnen. Es gibt aber Auswege, z. B. das Überholkriterium von v. Weizsäcker. Man kann also auch dann weiterkommen. Man kann also aus der Tatsache, daß keine reale Größe unendlich werden kann auf dieser Erde, nicht den Schluß ziehen, daß ein Wert nicht unendlich sein darf.

Herr Hax: Der Marktwert wird hier nicht als subjektiver Entscheidungswert, sondern als Gleichgewichtspreis auf dem Kapitalmarkt verstanden. Ein subjektiver Wert kann gegen unendlich gehen, ein Preis nicht.

Was die Kassenhaltung anbetrifft, so kann man nicht unterscheiden zwischen dem Geld, das für Transaktionen, und dem, das für Kassenhaltung benötigt wird. Das für Transaktionen benötigte Geld liegt in jedem Zeitpunkt in irgendeiner Kasse. Transaktionsbedarf und Kassenhaltung sind zwei Aspekte des gleichen Phänomens.

Mir scheint plausibel, daß die Kassenhaltung für Transaktionszwecke proportional zum Preisniveau ansteigt, jedenfalls wenn man davon absieht, daß in diesem Bereich Rationalisierungsreserven bestehen. Man könnte allenfalls daran denken, daß sich ganz andere Vorstellungen über Zahlungsbereitschaft und Zahlungsfähigkeit durchsetzen, etwa wenn bei extremer Inflation Kassenhaltung so teuer wird, daß man zum Naturaltausch übergeht.

Herr Albach: Deshalb nicht, sondern einfach deshalb, weil der Teil der Zahlungen, die nicht periodisch geleistet werden müssen, in der Inflation größer wird. Die Ersatzinvestitionszahlungen führen ja nicht zu proportionaler Kassenhaltung, sondern werden dann stoßweise getätigt. Schon daraus würde folgen, daß man die Transaktionskasse eben nicht proportional erhöhen muß. Man müßte die Struktur der Zahlungen berücksichtigen, um abzuleiten, ob die Kassenhaltung wirklich proportional zum Umsatz steigt.

Herr Hax: Hier geht es um die Transaktionskasse. Ich sehe keinen Zusammenhang mit Ersatzinvestitionen. Mittel, die für Ersatzinvestitionen reserviert und zeitweilig angelegt werden, gehören nicht zur Kassenhaltung.

Herr Albach: Genau das meine ich. Deshalb wird die Kassenhaltung unterproportional steigen, wie Herr Krelle meint.

Herr Hax: Sie unterstellen, daß bei Inflation anders, d. h. mit einem höheren Grad von Rationalität disponiert wird als bei Fehlen des Inflationsdrucks.

Herr Albach: Die Zeitstrukturen sind andere.

Herr Krelle: Genau das meine ich auch. Denken Sie zum Beispiel an die optimale Lagerhaltung. Dafür gibt es eine Wurzelformel. Die Lagerhaltung ist also nicht einfach proportional zum Absatz. Analog kann man hier auch sagen: Die optimalen Zahlungsfristen ändern sich, und damit ändert sich auch die Kassenhaltung, so daß sie natürlich immer steigt, aber doch nicht notwendig proportional.

Herr Hax: Man muß den Fall des Übergangs vom stationären Zustand in die Inflation von dem Fall der fortschreitenden Inflation unterscheiden. Im ersten Fall kann es infolge steigender kalkulatorischer Zinskosten zu einer Reduzierung der Kassenhaltung kommen. Im zweiten Fall hingegen ist mit einem proportionalen Ansteigen der Kassenhaltung zu rechnen. (Durch die Diskussion angeregt, wurde zu diesem Problem im Vortragstext die Fußnote 6 eingefügt; s. o. S. 43).

Veröffentlichungen
der Arbeitsgemeinschaft für Forschung des Landes Nordrhein-Westfalen
jetzt der Rheinisch-Westfälischen Akademie der Wissenschaften

Neuerscheinungen 1973 bis 1978

Vorträge N Heft Nr.		NATUR-, INGENIEUR- UND WIRTSCHAFTSWISSENSCHAFTEN
235	*Bernhard Sann, Aachen*	Die Senkung der Maschinenleistung bei Steigerung der Gewinnungsleistung und die Einsteuerung von Maschinen für die schälende Gewinnung von Steinkohle
	Lothar Freytag, Westfalia Lünen	Möglichkeiten der Verwirklichung von Forschungs- und Versuchsergebnissen in der Konstruktion von Maschinen für die schälende Kohlengewinnung
236	*Werner Reichardt, Tübingen*	Verhaltensstudie der musterinduzierten Flugorientierung an der Fliege *Musca domestica*
	Werner Nachtigall, Saarbrücken	Biophysik des Tierflugs
237	*Henry C. J. H. Gelissen, Wassenaar (Niederlande)*	Maßnahmen zur Förderung der regionalen Wirtschaft, gesehen im Blickfeld der EWG
	Horst Albach, Bonn	Kosten- und Ertragsanalyse der beruflichen Bildung
238	*Victor Potter Bond, Upton (USA)*	The Impact of Nuclear Power on the Public: The American Experience
239	*Hennig Stieve, Jülich*	Mechanismen der Erregung von Lichtsinneszellen
240	*Edmund Hlawka, Wien*	Mathematische Modelle der kinetischen Gastheorie
241	*Werner Buckel, Karlsruhe*	Aktuelle Probleme der Supraleitung
	Werner Schilling, Jülich	Zwischengitteratome in Metallen
242	*Reimar Lüst, München*	Plasma-Experimente im Weltraum
243	*Giuseppe Montalenti, Rome*	Recent advances in the understanding of some selective mechanisms in man
	G. H. Ralph von Koenigswald, Frankfurt/M.	Entwicklungstendenzen der frühen Hominiden
244	*Volker Aschoff, Aachen*	Aus der Geschichte der Nachrichtentechnik Jahresfeier am 22. Mai 1974
245	*Lucien Coche, Paris*	Angewandte Forschung für die Stahlerzeugung in den Unternehmen, auf nationaler Ebene und in der Europäischen Gemeinschaft
	Ludwig von Bogdandy, Duisburg	Wechselwirkungen zwischen physikalisch-chemischer Grundlagenforschung, theoretischer Metallurgie und großindustrieller Stahlerzeugung
246	*Theodor Wieland, Heidelberg*	Cyclische Peptide als Werkzeuge der molekularbiologischen Forschung
	Karl-Dietrich Gundermann, Clausthal-Zellerfeld	Grundlagen und Anwendungsmöglichkeiten von Chemilumineszenz, der Umwandlung von chemischer Energie in Licht
247	*Martin J. Beckmann, München und Providence, R. I.*	Wirtschaftliches Wachstum bei erschöpfbaren Ressourcen
	Peter Schönfeld, Bonn	Neuere Beiträge zur statistischen Behandlung autoregressiver Regressionsmodelle
248	*Hermann Haken, Stuttgart*	Quantenoptik, Laser, nichtlineare Optik
249	*Werner Hauss, Münster*	Über Erkrankungen des Herzens und der Gefäße im Alter, insbesondere über den Herzinfarkt und seine Behandlung
	Wolfgang Lutzeyer, Aachen	Die Behandlung des Blasensteins
250	*Helmut Holzer, Freiburg/Br.*	Regulation der Lebensvorgänge auf Enzymebene
251	*Hans Ebner †, Aachen*	Grundlagen zum Entwurf von Plattformen und Behältern für die Meerestechnik
	Helmut Domke, Aachen	Probleme bei der Verwendung von Kunststoffen für tragende Konstruktionen
252	*Walter Ameling, Aachen*	Technische Aspekte der Informatik
	Walter L. Engl, Aachen	Prognosekriterien für technologische Entwicklungen der Elektronikindustrie
253	*Kurt Hamdorf, Bochum*	Primärprozesse beim Sehen der Wirbellosen
	Dietrich von Holst, München	Sozialer Streß bei Tier und Mensch

254	*Hans Kuhn, Göttingen*	Evolution selbstorganisierender chemischer Systeme
	Günther Wilke, Mülheim a. d. Ruhr	Zur Leistungsfähigkeit homogener Übergangsmetall-Katalysatoren
255	*Erich Potthoff, Düsseldorf*	Grundriß einer speziellen Betriebswirtschaftslehre der Hochschule
	Wilhelm Krelle, Bonn	Wirtschaftliche Auswirkungen der Ausweitung des Bildungssystems in der Bundesrepublik Deutschland
256	*Joachim Kowalewski, Aachen*	Neuere Erkenntnisse über Schwingungen von Bauwerken im Wind
	Oskar Pawelski, Düsseldorf	Wege und Grenzen der Plastomechanik bei der Anwendung in der Umformtechnik
257	*Joseph Straub, Köln*	Fortschritte in der Kultur von Pflanzenzellen - neue Züchtungsmethoden
	Meinhart H. Zenk, Bochum	Das physiologische Potential pflanzlicher Zellkulturen
258	*Hans Cottier, Bern*	Die Lebensgeschichte der Lymphozyten und ihre Funktionen
	Sven Effert, Aachen	Über einige neuere Möglichkeiten der Herzdiagnostik
259	*Dietrich Welte, Aachen*	Anwendung der organischen Geochemie für die Erdölexploration
	Werner Schreyer, Bochum	Hochdruckforschung in der modernen Gesteinskunde
260	*Ilya Prigogine, Brüssel*	L'Ordre par Fluctuations et le Système Social
	Josef Meixner, Aachen	Entropie einst und jetzt
261	*Horst E Müser, Saarbrücken*	Grundlagen und Anwendungen der Ferroelektrizität
	Heinz Bittel, Münster	Das Rauschen, ein ebenso interessantes wie störendes Phänomen
262	*Ekkehard Grundmann, Münster*	Vorstadien des Krebses
	Norbert Hilschmann, Göttingen	Das Antikörperproblem, ein Modell für das Verständnis der Zelldifferenzierung auf molekularer Ebene
263	*Hans K. Schneider, Köln*	Die Zukunft unserer Energiebasis als ökonomisches Problem
	Hans Frewer, Erlangen	Wandel der Energietechnik durch Einsatz neuer Energieträger
264	*Wolfgang Pitsch, Düsseldorf*	Thermodynamik der Eisenmischkristalle
	Bernhard Ilschner, Erlangen	Innere Regelkreise bei der Hochtemperatur-Verformung kristalliner Festkörper
265	*Franz Huber, Seewiesen (Obb.)*	Lautäußerungen und Lauterkennen bei Insekten (Grillen)
		Jahresfeier am 26. Mai 1976
266	*Herbert Giersch, Kiel*	Perspektiven der Entwicklung der Weltwirtschaft
	Norbert Szyperski, Köln	Unternehmungs- und Gebietsentwicklung als Aufgabe einzelwirtschaftlicher und öffentlicher Planung
267	*Hans Brand, Erlangen*	Möglichkeiten und Grenzen einer technischen Nutzung der Sonnenenergie
	Karl-Friedrich Knoche, Aachen	Thermochemische Wasserzersetzungsprozesse
268	*Bartel Leendert van der Waerden, Zürich*	Die vier Wissenschaften der Pythagoreer
	Hans Hermes, Freiburg i. Br.	Hundert Jahre formale Logik
269	*Karl Ernst Wohlfarth-Bottermann, Bonn*	Cytoplasmatische Actomyosine und ihre Bedeutung für Zellbewegungen
	Ernst Zebe, Münster	Anaerober Stoffwechsel bei wirbellosen Tieren
270	*Ronald Mason, Brighton, U. K.*	The Evolution of a Coordination and Organometallic Chemistry of Surfaces
	Max Schmidt, Würzburg	Elementarer Schwefel - neue Fragen zu einem alten Problem
271	*Wolfgang Flaig, Braunschweig*	Fortschritte auf dem Gebiet der Biochemie des Bodens im Bezug zur pflanzlichen Produktion (Übersicht)
	Hermann Kick, Bonn	Probleme der Düngung in der modernen Landwirtschaft
272	*Dietrich W. Lübbers, Dortmund*	Die Sauerstoffversorgung der Warmblüterorgane unter normalen und pathologischen Bedingungen
	Gerhard Neuweiler, Frankfurt/M.	Die Echoortung der Fledermäuse
273	*Ulrich Bonse, Dortmund*	Interferometrie mit Röntgen- und Neutronenstrahlen
	Horst Stegemeyer, Paderborn	Flüssige Kristalle: Strukturen, Eigenschaften und Bedeutung
274	*Kurt Fränz, Ulm*	Humanismus und Technik — Variationen über ein altes Thema
276	*Gerhard Fels, Kiel*	Wiederbelebung der privaten Investitionstätigkeit als wirtschaftspolitische Aufgabe
	Herbert Hax, Köln	Finanzwirtschaftliche Planung in der Unternehmung bei Geldentwertung

ABHANDLUNGEN

Band Nr.		
27	*Ahasver von Brandt, Heidelberg, Paul Johansen, Hamburg, Hans van Werveke, Gent, Kjell Kumlien, Stockholm, Hermann Kellenbenz, Köln*	Die Deutsche Hanse als Mittler zwischen Ost und West
28	*Hermann Conrad †, Gerd Kleinheyer, Thea Buyken und Martin Herold, Bonn*	Recht und Verfassung des Reiches in der Zeit Maria Theresias. Die Vorträge zum Unterricht des Erzherzogs Joseph im Natur- und Völkerrecht sowie im Deutschen Staats- und Lehnrecht
29	*Erich Dinkler, Heidelberg*	Das Apsismosaik von S. Apollinare in Classe
30	*Walther Hubatsch, Bonn, Bernhard Stasiewski, Bonn, Reinhard Wittram †, Göttingen, Ludwig Petry, Mainz, und Erich Keyser, Marburg (Lahn)*	Deutsche Universitäten und Hochschulen im Osten
31	*Anton Moortgat, Berlin*	Tell Chuēra in Nordost-Syrien. Bericht über die vierte Grabungskampagne 1963
32	*Albrecht Dihle, Köln*	Umstrittene Daten. Untersuchungen zum Auftreten der Griechen am Roten Meer
33	*Heinrich Behnke und Klaus Kopfermann (Hrsg.), Münster*	Festschrift zur Gedächtnisfeier für Karl Weierstraß 1815–1965
34	*Joh. Leo Weisgerber, Bonn*	Die Namen der Ubier
35	*Otto Sandrock, Bonn*	Zur ergänzenden Vertragsauslegung im materiellen und internationalen Schuldvertragsrecht. Methodologische Untersuchungen zur Rechtsquellenlehre im Schuldvertragsrecht
36	*Iselin Gundermann, Bonn*	Untersuchungen zum Gebetbüchlein der Herzogin Dorothea von Preußen
37	*Ulrich Eisenhardt, Bonn*	Die weltliche Gerichtsbarkeit der Offizialate in Köln, Bonn und Werl im 18. Jahrhundert
38	*Max Braubach †, Bonn*	Bonner Professoren und Studenten in den Revolutionsjahren 1848/49
39	*Henning Bock (Bearb.), Berlin*	Adolf von Hildebrand Gesammelte Schriften zur Kunst
40	*Geo Widengren, Uppsala*	Der Feudalismus im alten Iran
41	*Albrecht Dihle, Köln*	Homer-Probleme
42	*Frank Reuter, Erlangen*	Funkmeß. Die Entwicklung und der Einsatz des RADAR-Verfahrens in Deutschland bis zum Ende des Zweiten Weltkrieges
43	*Otto Eißfeldt †, Halle, und Karl Heinrich Rengstorf (Hrsg.), Münster*	Briefwechsel zwischen Franz Delitzsch und Wolf Wilhelm Graf Baudissin 1866–1890
44	*Reiner Haussherr, Bonn*	Michelangelos Kruzifixus für Vittoria Colonna. Bemerkungen zu Ikonographie und theologischer Deutung
45	*Gerd Kleinheyer, Regensburg*	Zur Rechtsgestalt von Akkusationsprozeß und peinlicher Frage im frühen 17. Jahrhundert. Ein Regensburger Anklageprozeß vor dem Reichshofrat. Anhang: Der Statt Regenspurg Peinliche Gerichtsordnung
46	*Heinrich Lausberg, Münster*	Das Sonett *Les Grenades* von Paul Valéry
47	*Jochen Schröder, Bonn*	Internationale Zuständigkeit. Entwurf eines Systems von Zuständigkeitsinteressen im zwischenstaatlichen Privatverfahrensrecht aufgrund rechtshistorischer, rechtsvergleichender und rechtspolitischer Betrachtungen
48	*Günther Stökl, Köln*	Testament und Siegel Ivans IV.
49	*Michael Weiers, Bonn*	Die Sprache der Moghol der Provinz Herat in Afghanistan
50	*Walther Heissig (Hrsg.), Bonn*	Schriftliche Quellen in Moġolī. 1. Teil: Texte in Faksimile
51	*Thea Buyken, Köln*	Die Constitutionen von Melfi und das Jus Francorum
52	*Jörg-Ulrich Fechner, Bochum*	Erfahrene und erfundene Landschaft. Aurelio de'Giorgi Bertòlas Deutschlandbild und die Begründung der Rheinromantik

53	*Johann Schwartzkopff (Red.), Bochum*	Symposium ‚Mechanoreception'
54	*Richard Glasser, Neustadt a. d. Weinstr.*	Über den Begriff des Oberflächlichen in der Romania
55	*Elmar Edel, Bonn*	Die Felsgräbernekropole der Qubbet el Hawa bei Assuan. II. Abteilung. Die althieratischen Topfaufschriften aus den Grabungsjahren 1972 und 1973
56	*Harald von Petrikovits, Bonn*	Die Innenbauten römischer Legionslager während der Prinzipatszeit
57	*Harm P. Westermann u. a., Bielefeld*	Einstufige Juristenausbildung. Kolloquium über die Entwicklung und Erprobung des Modells im Land Nordrhein-Westfalen
58	*Herbert Hesmer, Bonn*	Leben und Werk von Dietrich Brandis (1824–1907) – Begründer der tropischen Forstwirtschaft. Förderer der forstlichen Entwicklung in den USA. Botaniker und Ökologe
59	*Michael Weiers, Bonn*	Schriftliche Quellen in Moġolī, 2. Teil: Bearbeitung der Texte
60	*Reiner Haussherr, Bonn*	Rembrandts Jacobssegen Überlegungen zur Deutung des Gemäldes in der Kasseler Galerie
61	*Heinrich Lausberg, Münster*	Der Hymnus ›Ave maris stella‹
62	*Michael Weiers, Bonn*	Schriftliche Quellen in Moġolī, 3. Teil: Poesie der Mogholen

Sonderreihe
PAPYROLOGICA COLONIENSIA

Vol. I *Aloys Kehl, Köln*	Der Psalmenkommentar von Tura, Quaternio IX (Pap. Colon. Theol. 1)
Vol. II *Erich Lüddeckens, Würzburg, P. Angelicus Kropp O. P., Klausen, Alfred Hermann † und Manfred Weber, Köln*	Demotische und Koptische Texte
Vol. III *Stephanie West, Oxford*	The Ptolemaic Papyri of Homer
Vol. IV *Ursula Hagedorn und Dieter Hagedorn, Köln, Louise C. Youtie und Herbert C. Youtie, Ann Arbor*	Das Archiv des Petaus (P. Petaus)
Vol. V *Angelo Geißen, Köln*	Katalog Alexandrinischer Kaisermünzen der Sammlung des Instituts für Altertumskunde der Universität zu Köln Band I: Augustus-Trajan (Nr. 1–740)
Vol. VI *J. David Thomas, Durham*	The epistrategos in Ptolemaic and Roman Egypt. Part 1: The Ptolemaic epistrategos
Vol. VII *Bärbel Kramer und Robert Hübner (Bearb.), Köln*	Kölner Papyri (P. Köln) Band 1

SONDERVERÖFFENTLICHUNGEN

Der Minister für Wissenschaft und Forschung des Landes Nordrhein-Westfalen	Jahrbuch 1963, 1964, 1965, 1966, 1967, 1968, 1969, 1970 und 1971/72 des Landesamtes für Forschung

Verzeichnisse sämtlicher Veröffentlichungen der Arbeitsgemeinschaft für Forschung des Landes Nordrhein-Westfalen, jetzt: Rheinisch-Westfälische Akademie der Wissenschaften, können beim Westdeutschen Verlag GmbH, Postfach 300 620, 5090 Leverkusen 3 (Opladen), angefordert werden.

GPSR Compliance

The European Union's (EU) General Product Safety Regulation (GPSR) is a set of rules that requires consumer products to be safe and our obligations to ensure this.

If you have any concerns about our products, you can contact us on ProductSafety@springernature.com

In case Publisher is established outside the EU, the EU authorized representative is:

Springer Nature Customer Service Center GmbH
Europaplatz 3
69115 Heidelberg, Germany

Batch number: 10809636

Printed by Printforce, the Netherlands